Die Doping-Generation

Reine Leistung statt Spritzensport

Andrea Keplinger
Georg Hafner

Autoren
Andrea Keplinger
E-Mail: office@sport-gesundheits-psychologie.at
Website: www.sportpsychologie.tirol & www.sportpsychologe.at & www.worldsportmission.com

Georg Hafner
E-Mail: georg.hafner@diepsychologen-wien.at
Website: www.sportpsychologe.at & www.worldsportmission.com

Hinweis
Die medizinische Entwicklung schreitet permanent fort. Neue Erkenntnisse, was Medikation und Behandlung angeht, sind die Folge. Autor und Verlag haben alle Texte mit großer Sorgfalt erarbeitet, um alle Angaben dem Wissensstand zum Zeitpunkt der Veröffentlichung anzupassen. Dennoch ist der Leser aufgefordert, Dosierungen und Kontraindikationen aller verwendeten Präparate und medizinischen Behandlungungsverfahren anhand etwaiger Beipackzettel und Bedienungsanleitungen eigenverantwortlich zu prüfen, um eventuelle Abweichungen festzustellen.

Aufgrund der besseren Lesbarkeit verzichten wir auf die weibliche Form. Es ist selbstverständlich, dass wir alle Geschlechter in Einzahl, wie Mehrzahl ansprechen.

ISBN
978-3-9482-7706-2

Druck
Sommer media GmbH & Co. KG, Feuchtwangen

Bibliografische Information
Die Deutsche Nationalbibliothek verzeichnet diese Publikation in der Deutschen Nationalbibliografie; detaillierte bibliografische Daten sind im Internet über http://dnb.d-nb.de abrufbar.

DIE AUTOREN

Mag. Georg Hafner, M. A., arbeitet seit vielen Jahren als Sport- und Gesundheitspsychologe und coacht Sportler unter anderem auf dem Weg nach Olympia. Vorträge und Seminare im Bereich Motivation, Stress und mentale Stärke sind seine Schwerpunkte. Als Universitätslektor für Gesundheitspsychologie an der Universität Wien sowie als Leitungsmitglied der Sektion Sportpsychologie im Berufsverband der Österreichischen PsychologInnen, gibt er sein Wissen und seine Erfahrungen weiter. Der Gesundheitsmanager und Arbeitspsychologe liebt Sport in der Natur und bezeichnet sich selbst als Multisportler. Seine psychologische Praxis ist in Wien.

Die sportpsychologische Karriere von Mag. Andrea Keplinger startete bereits 2010 mit der Vorbereitung diverser Athleten und Teams für die Olympischen Jugendspiele 2012 in Innsbruck. Seitdem gibt sie ihr fachliches und praktisches Wissen im klassisch psychologischen, motivationalen und sportpsychologischen Bereich in Form von Beratungen, Ausbildungen, Seminaren und Vorträgen weiter. Als Universitätslektorin für Sportpsychologie an der Webster Private University in Wien und Lektorin für Persönlichkeitsentwicklung und Potentialentfaltung am Management Center Innsbruck, sowie als Leitungsmitglied der Sektion Sportpsychologie im Berufsverband der Österreichischen Psychologen, vermittelt sie ihr Wissen und ihre Erfahrungen national und international. Die Klinische und Gesundheitspsychologin Andrea Keplinger liebt die Berge und die Bewegung in der Natur, sie reist mit verschiedenen Profiteams durch die ganze Welt. Ihre Praxis ist in Tirol (www.sportpsychologie.tirol).

Einer ihrer wichtigsten Ratschläge „Denken tun wir sowieso, warum dann nicht gleich positiv?"

DIE DOPING-GENERATION

Reine Leistung statt Spritzensport

Andrea Keplinger
Georg Hafner

INHALT

Doping verstehen lernen
Ab Seite 21

1

Do(p)ing Sport
Ab Seite 29

2

Dopingkarriere
Ab Seite 33

3

Dopingkreislauf
Ab Seite 77

4

Sportmacht
Ab Seite 87

5

Bonus
Ab Seite 97

6

Warum dieses Buch gerade jetzt?
Ab Seite 105

7

Anhang
Ab Seite 113

8

BENUTZERHINWEIS FÜR DEN LESER

Doping scheint in den vergangenen Jahren mehr und mehr in den Fokus des Sports zu gelangen. Dabei ist Doping im Sport verboten und führt mitunter zu großen Einschnitten in einer Sportlerkarriere.

Das Ziel des Buches ist, eine vollständigere Meinung zum Thema Doping zu entwickeln, um sich in weiterer Folge noch besser vor Doping und somit auch seiner Gesundheit schützen zu können. Das Ansehen von Sport hochzuhalten, ist für so viele Sportbegeisterte wichtig.

Dieses Buch soll dir als Information dienen. Außerdem geben wir dir die Möglichkeit, deine eigenen Gedanken zu formulieren und zu ergänzen. Es gibt einen kurzen Fragebogen, es gibt ein kleines Rätsel über Doping und du kannst mithilfe überblicksartiger Aufzählungen schnell für dich wichtige Informationen entnehmen. Das Buch ist so anzuwenden, wie du es für richtig erachtest. Sicherlich ist es hilfreich, mit dem Trainer, mit anderen Sportlern oder mit den Eltern über die Inhalte des Buches zu reden und auch kritisch zu hinterfragen.

Wie im Vorwort erwähnt, gibt es weder einen richtigen noch einen falschen Zugang. Unser Ziel ist es, den Blick zu weiten und den Horizont zu erweitern. Viel Vergnügen und gutes Reflektieren.

Angi und Georg

VORWORT VON ANDREA KEPLINGER

Und auf einmal war er da.

Der Gedanke, ein niederschwelliges, einfach zu verstehendes Buch – gespickt mit Emotionen – zu schreiben. Mit der Möglichkeit zum Perspektivenwechsel für verschiedenste Gruppen, die im Sportsystem mitwirken.

Foto: Privat

Schon 2010, zu Beginn meiner Karriere als Sportpsychologin, war mir ein Inhalt besonders wichtig. Den Sport kritisch zu betrachten, zu hinterfragen, neugierig zu sein, zu kritisieren, neue Ansätze und Lösungsmöglichkeiten zu kreieren, um den Sport für alle besser er"lebbar", greifbarer zu machen und zu gestalten.

Aus meiner Erfahrung als Vortragende ist es am allerwichtigsten, Dinge auf das Wesentliche zu reduzieren, zu Beginn kompliziert erscheinende Dinge in einfache Strukturen zu übertragen und praktisch umzusetzen.

Von Dr. Vera Birkenbihl habe ich mir einen Spruch angeeignet und adaptiert, den ich sehr häufig in Workshops und Ausbildungen verwende.

„Betrachte die Informationen, die dir im Folgenden zukommen, wie einen großen Supermarkt. Du schiebst deinen Einkaufswagen, gibst die Artikel, die du magst und bereits kennst, aber auch Neues, vielleicht sogar ganz Unbekanntes und zunächst vielleicht sogar fragwürdig Erscheinendes, hinein. Du kaufst die Dinge, probierst sie aus, hinterfragst sie, wendest sie an, befindest sie im Gebrauch für gut oder eben nicht gut. Wenn dir einige der neuen Produkte gefallen, wirst du diese ab nun häufiger kaufen bzw. anwenden und erweiterst somit deinen Horizont. Artikel, die dir als nicht passend erscheinen, kaufst du beim nächsten Mal einfach nicht mehr, aber bist dafür reifer an Erfahrungswerten und hast somit ebenso deinen Horizont erweitert."

Also sieh dieses Buch bitte genauso.

Begib dich in einen neu eröffneten Supermarkt, denn nur wenn sich jeder Einzelne und somit die kritische größere Masse der Gesellschaft verändert und für seine Bedürfnisse einsteht, kann sich ein neues Verständnis bilden.

Viele neue Ansätze und Ideen breit diskutiert und öffentlich gemacht, bringen mehr Kenntnis und heben somit das Gesamtwissen um ein Vielfaches empor. Denn aus meinen eigenen Erfahrungen als Sportpsychologin ergibt sich eine wiederholende Gefahr des „Under rug swept", was im Deutschen so viel bedeutet wie "Dinge werden unter den Teppich gekehrt". Da bleiben sie auch schön still, ohne, dass man daraus eventuell zu neuen Erkenntnissen und Möglichkeiten zur Weiterentwicklung kommen kann, da es dadurch mit Sicherheit für einige im System mit der Enthüllung diverser Erlebnisse zu unbequemen Wahrheiten kommen kann.

Hieraus ergibt sich aber genau die Notwendigkeit, über dieses herausfordernde Thema offen zu sprechen und breit zu diskutieren. Denn jeder hat zum Thema Doping und den Verhaltensweisen im Sport eine Meinung. Oft auch eine gefährliche Meinung, die mit Stigmen und Schuldigen zusammenhängt, die an den Pranger gestellt werden.

Aber wie wir ja wissen, ist das Ganze mehr als die Summe seiner Teile und wir sollten etwas tiefer in die Materie vordringen und empathisch einen Perspektivenwechsel zulassen.

Außerdem hoffe ich, dass es mir und meinem geschätzten Kollegen Georg gelingt, das in der Gesellschaft etwas „verstaubte Image" der Psychologie mithilfe der Sportpsychologie etwas aufzupolieren und dadurch greifbarer und verständlicher zu machen und den Wert der sportpsychologischen Beratung hervorzuheben.

Mit herzlichem Dank,

Andrea Keplinger

VORWORT VON GEORG HAFNER

Als langjähriger Sportpsychologe und begeisterter Sportler ist es mir ein persönliches Anliegen, Sport und Bewegung in ein besseres Licht zu stellen, als ich es medial manchmal wahrnehme.

Das Thema Doping ist verständlicherweise ein schwieriges Thema. Doch werden aus meiner Erfahrung nicht alle Berichte und Gedanken, die in den Medien zu diesem Thema wahrnehmbar sind, vollständig dargestellt.

Daher freut es mich sehr, mit meiner lieben und langjährigen Kollegin Angi gemeinsam ein Standardwerk im Bereich Doping vorzulegen. Den Zielgruppen Athleten, Trainer, Eltern, Verbände sowie Sportinteressierten, stellen wir dieses Werk zur Verfügung, um die möglicherweise zu einseitig dargestellten Sichtweisen aufzubrechen.

Uns war es ein Bedürfnis, das Thema Doping aus unterschiedlichen und differenzierten Perspektiven zu beleuchten, mit Modellen darzustellen, psychologische Expertise einfließen zu lassen, sowie unsere eigenen Erfahrungen aus dem Sport und aus unserer Arbeit einzubringen.

Wir erheben keinen Anspruch auf Vollständigkeit. Wir freuen uns über kritische, konstruktive Rückmeldungen und glauben, mit diesem Buch eine breite Diskussion anzuregen zu können, die es braucht. Die Wahrheit ist nicht immer so, wie es offensichtlich scheint. Oft steckt mehr dahinter und das System Doping ist komplexer als man zunächst vermuten mag.

Wir sind klar gegen Doping. Wir wollen vor allem aufzeigen, wie wichtig es ist, dass Sportler im Laufe ihrer gesamten Karriere regelmäßige sportpsychologische Betreuung in Anspruch nehmen. Wir sind davon überzeugt, dass sich starke, reflektierte und selbstbewusste Persönlichkeiten in gewissen Situationen in ihrer Sportkarriere anders entscheiden können und könnten.

Ebenso ist es enorm wichtig, dass Trainer und Eltern das Thema der Sportpsychologie für sich noch mehr entdecken, dies im Sinne einer regelmäßigen Supervision.

Auch diese können, ohne dass sie es vielleicht immer wissen oder sich dessen bewusst sind, eine „Dopingkarriere" fördern oder auch verhindern.

Liebe Verbände, Organisationen und Institutionen – Gutes tun und darüber reden – Ihr habt es in der Hand, Doping langfristig zu reduzieren.

Ich wünsche dem Leser neue Gedankengänge mit dem Antibuch zum Doping, kritische Sichtweisen beim Lesen der Argumente für Doping und das Hinaustragen und Leben eines sauberen und dopingfreien Sports.

Mit bestem Dank,

Georg Hafner

„WARUM DIESES BUCH?"

Es ist Zeit …

… für eine
Verhaltens- und
Gedankenveränderung!

Und wir
wollen
dazu beitragen!

PROLOG

....

Was spricht für Doping?

Doping ist gut, weil …
ich es kann,
es andere auch tun,
ich besser werde, ohne mehr leisten zu müssen,
es mir als gut verkauft wurde,
es nicht so schlimm ist (Kavaliersdelikt),
es eh alle Sportler tun,
ich es mir leisten kann,
es ab einem gewissen Niveau dazu gehört,
es schon die Besten der Besten gemacht haben,
ich clever bin,
mein Trainer wegschaut,
ich meinem Arzt vertraue,
mein Physio gute Kontakte hat,
alle im Team es tun,
ich ohne Ergebnisse aus den Förderungen rausfalle,
ich im Team bleiben möchte,
ich nach Anerkennung strebe,
ich noch keine Goldmedaille habe,
ich nur eine Goldmedaille habe.

Doping ist außerdem gut, weil …
es mir guttut,
es mir egal ist,
ich mich nicht um meine Zukunft sorge,
es nicht so schlimm ist, erwischt zu werden,
ich ein Opfer bin,
ich Verführter bin,
es mir nahegelegt wird und ich ungern nein sage,
ich meine Miete zahlen muss,
es gesundheitlich unbedenklich ist,
selbst Amateure es tun,
Geld fließt, wenn ich gewinne,
ich bekannt werden bzw. bleiben möchte,
ich schneller wieder fit bin und regeneriere.

DANKSAGUNG

Wir wollen dieses Buch

nicht anfangen, ohne uns

beim Pflaum Verlag

und allen voran

bei Christian Wittmann

zu bedanken!

Danke

für dein Wirken

und

die tolle Zusammenarbeit!

WIDMUNG

....

Allen Kollegen,

die uns die letzten Jahre

mit Rat und Tat zur Seite gestanden sind.

Vor allem möchten wir

unseren langjährigen Ausbilder,

Wegbereiter und Mentor

Dr. Dr. Christopher Willis erwähnen.

Allen

Sportlern, Trainern, Teams und Institutionen,

mit denen wir in den letzten Jahren

unvergessliche Erfahrungen, einen regen Austausch, viele Diskussionen,

emotionale Erlebnisse und Ereignisse teilen durften.

Unseren

Familien und Freunden,

ohne die das Leben

nur halb so wundervoll wäre.

DANKE

Doping verstehen lernen

1

> **„Aber können wir, die Zuschauer, dauerhaft mit einem solchen Verzicht leben?" (Karl-Heinrich Bette)**
> *Gesamtzitat auf S. 24*

Damit Sie sich die Dimension des Dopings und der Psyche besser vorstellen können, möchten wir Ihnen, als interessierten Leser, den Einstieg in die Thematik mit drei möglichen Szenarien erleichtern. Namen, Personen und Geschichten sind dabei frei erfunden.

Fallbeispiele Spitzensport

1. Trainer Martin, ehemaliger Sportler
2. Sportlerin Monika, möchte unter den Top 30 bleiben
3. Athlet Paul, möchte an die Spitze vordringen

Szenario 1: Trainer Martin (40 Jahre), ehemaliger Sportler

Der Triathlon-Trainer hat eine ethisch und moralisch bemerkenswerte Sichtweise. Er war jahrelang Athlet. Ihm wurde Doping während seiner aktiven Karriere mehrmals angeboten, allerdings hat er nie gedopt und hat sämtlichen Versuchungen widerstehen können.

In den letzten Jahren war Doping für Martin kein Thema und er hatte auch keinen Kontakt zur Thematik. Seit nun mittlerweile sieben Jahren ist er Trainer einer international erfolgreichen Triathlon-Mannschaft. Bei einem Wettkampfwochenende hat er eine seiner besten Athletinnen der Mannschaft beim Doping vorgefunden. In einem für die Mannschaft reservierten Zimmer für Physiotherapie hatte sie gerade Blutdoping vollzogen.

Was nun?

Aus der Perspektive eines Trainers ergeben sich viele Gedanken und Fragen.

Ich kenne die Athletin schon seit sie ein Kind ist, kenne auch ihre gesamte Familie sehr gut.

Was tut sie nur? Sie hat absolut das Potential, an die Spitze zu kommen. Sie behauptet, es sei das erste Mal gewesen, dass sie mit Doping in Berührung gekommen sei und es ausprobiert habe. Sie sagt, sie werde es nie wieder tun.

Welche weiteren Schritte unternehme ich als Trainer?

Was ist zu tun?

Rede ich auf sie ein?

Offenes Ende …

Szenario 2: Sportlerin Monika, die an der Spitze unter den Top 30 bleiben möchte

Monika ist 22 Jahre alt, spielt Tennis auf der Damen-Profitour WTA und ist bereits unter den Top 30 der Welt. Ihr bestes Ergebnis, Ranking 12, hatte sie vor zwei Jahren vor ihrer Verletzungsphase.

Derzeitige Gedanken und Besorgnisse:

> **„Der Wurm ist drin und ich habe das Gefühl,**
> **die Konkurrenz überholt mich stetig."**

Das in den letzten Jahren gewonnene Preisgeld ist fast aufgebraucht. Durch die zwingend erforderliche Operation und der damit einhergehenden Rehabilitation und „Zwangspause" erschöpften sich ihre monetären Reserven erheblich. Auf Monika lastet nach ihrem eigenen Gefühl der Druck der Familie aufgrund der finanziellen Unterstützung und sie fühlt sich moralisch verpflichtet, den Eltern etwas zurückzugeben, da sie in der Vergangenheit für Monika so viele Ressourcen „geopfert" haben.

Derzeitige Motivation:

> **„Ich will nicht nur sportlich erfolgreich sein, sondern nach**
> **Abschluss meiner Sportkarriere finanziell gut ausgesorgt haben."**

Was nun?

Gedanken und Fragen, die sich aus Sicht des Sportlers ergeben können:

- Ist Doping meine einzige Chance, um wieder an Topleistungen anknüpfen zu können?
- Wie gehe ich vor?
- An wen wende ich mich?
- Kenne ich jemanden, der vielleicht schon gedopt hat?
- Wen könnte ich in mein Vorhaben einweihen?
- Ist es besser, diese Überlegungen für mich zu behalten?
- Gibt es jemanden, dem ich mich anvertrauen könnte?
- Wieviel müsste ich dafür bezahlen?
- Wo sind meine Grenzen?
- Wann würde ich aufhören zu dopen?
- Was mache ich im Falle einer Kontrolle?
- Wie umgehe ich eine Kontrolle?

Szenario 3.: Athlet Paul, dessen großes Ziel eine Profi-Fußballkarriere ist

Paul ist Fußballer und 17 Jahre alt. Ein unbekannter Sportmanager hat Paul die letzten Monate beobachtet und sieht unglaubliches Potential in ihm. Allerdings müsste Paul noch die letzten Prozent aus sich herausholen. Der Sportmanager kann ihn dann an einen internationalen Verein weitervermitteln, da dieser gute Kontakte habe.

**„Nutze die Chance, wie viele andere vor dir.
Dann kannst auch du bald erfolgreich und
mit viel Geld in den Taschen ein tolles Leben führen.“**

Ergänzend kommt dann einige Tage später:

**„Auf was wartest du noch,
andere dopen doch auch schon lange.
Es ist absolut sicher.
Mir kannst du vertrauen.“**

Paul ist in Bedrängnis, das Angebot des vertrauenswürdigen Herrn ist zeitlich begrenzt, da es laut seinen Aussagen viele weitere Interessenten gäbe. Im Vertrag sind sogar eine Wohnung und ein Sportwagen inkludiert.

Wie lange wird Paul widerstehen können?

„Die inflationäre Nachfrage nach Helden sorgt so in einer subtilen Weise für ein Klima, in dem es immer schwieriger wird, ein Sportheld zu werden oder zu bleiben, der sich auch in Situationen der Versuchung durch Geld, Macht, Aufmerksamkeit oder Ehre an die traditionellen Regeln und Fair-Play-Erwartungen hält. Die weit verbreiteten Dopingpraktiken und die zahlreichen anderen Formen der Leistungsmanipulation und Täuschung zeigen mit erdrückender Eindeutigkeit, wie schnell gefeierte Athleten sich vor den Augen einer zuschauenden Öffentlichkeit in Sünder und Schurken verwandeln können. Für das Publikum ist dies kein Grund, sich selbstgerecht zurückzulehnen und die eigene Tugendhaftigkeit zu feiern. Ohne ein auf Verehrung und Bewunderung eingestelltes Publikum gäbe es schließlich keinen dauerhaften Bedarf, den Status eines Sporthelden anzustreben. Vielleicht besteht die größte Leistung eines Athleten im global entfesselten Spitzensport paradoxerweise darin, selbstbewusst darauf zu verzichten, unter allen Umständen ein Held oder eine Legende werden zu wollen. **Aber können wir, die Zuschauer, dauerhaft mit einem solchen Verzicht leben?**“ (Prof. Dr. Karl-Heinrich Bette, Professor für Sportsoziologie, TU Darmstadt)

Quelle: https://www.gemeinsam-gegen-doping.de/fileadmin/GGD_uebersicht/docs/dsj_broschuere_sport_ohne_doping.pdf.

Fragen zum Ausfüllen und Nachdenken

Bitte die Antworten ergänzen.

Was bedeutet Doping?

A. ....

B. ....

C. ....

Zähle drei verbotene Substanzen auf.

A. ....

B. ....

C. ....

Welche Punkte umfasst eine Dopingkontrolle?

A. ....

B. ....

C. ....

Welche Konsequenzen gibt es bei einem Dopingvergehen?

A. ....

B. ....

C. ....

Welche körperlichen und/oder geistigen Schäden kann Doping zur Folge haben?

A. ....

B. ....

C. ....

Was ist bei einem Fehltritt zu tun?

A. ....

B. ....

C. ....

Wie würde ich mich fühlen, wenn ich gedopt gewinnen würde?

A. ....

B. ....

C. ....

Nenne drei Sportpsychologen, die du auf neutraler Basis jederzeit kontaktieren kannst.

A. ....

B. ....

C. ....

Do(p)ing Sport

2

Ist dieses Buch für dich geeignet?

Ja, wenn du Spitzensportler oder Amateursportler bist.

Ja, wenn du Trainer bist oder eine Mannschaft leitest.

Ja, wenn dein Kind im Nachwuchs- oder Leistungssport zu Hause ist.

Ja, wenn du im Verein, Verband, Sportsystem tätig bist.

Ja, vor allem, wenn du Spitzensportler oder Amateursportler bist.

Weil du mit den Themen Leistungsdruck, Leistungsgrenzen, Verletzungen, Niederlagen, Karriereende etc. konfrontiert bist. Dieses Buch soll dich zum Reflektieren anregen. Mit Hilfe der Sportpsychologie kann dein Selbstbewusstsein gestärkt werden, damit du als Athlet gar nicht erst zu unerlaubten Dopingmitteln greifen musst. Weil das System Spitzensport automatisch zu „höher – schneller – weiter" führen kann, wodurch Herausforderungen, Gefahren und Hindernisse bestehen, eher zum Doping zu greifen und du in diesem Buch wertvolle Informationen über das System Doping erfährst. Weil du schon einmal mit Doping konfrontiert wurdest und du Hilfe benötigst.

Ja, wenn du Trainer bist oder eine Mannschaft leitest.

Weil sich viele Athleten im Sport in kritischen Phasen befinden können und durch dieses Buch eine neutrale Reflexion und Hilfestellung möglich ist. Weil du in diesem Buch lernst, warum Sportpsychologie für dich als Trainer und notwendigerweise für den Athleten eine wichtige Begleitung und Bereicherung für den Sport ist.

Ja, wenn dein Kind im Nachwuchs- oder Leistungssport zu Hause ist.

Weil sich durch dieses Buch das Verständnis für Doping wesentlich erhöhen kann. Weil die eigene Rolle als Elternteil sehr oft unterschätzt wird und du mit Hilfe der Sportpsychologie dein Verhalten, den Einfluss auf dein Kind reflektieren lernst und positiv beeinflussen kannst. Weil ich als Elternteil einen besseren Einblick in die kritischen Phasen eines heranwachsenden Athleten aus psychologischer Sicht bekomme und schneller eingreifen und handeln kann.

Ja, wenn du im Verein, Verband, Sportsystem tätig bist.

Weil dieses Buch eine wichtige Ergänzung für bestehende Informationen darstellt und du dadurch ein Zeichen für einen dopingfreien Sport setzt. Weil die permanente Beschäftigung mit dem sich ständig wandelnden Thema Doping eine Notwendigkeit ist und du mit diesem Buch die Diskussion und das Gespräch zu diesem schweren Thema leichter aufrechterhalten kannst.

Exkurs Gedankenexperiment

Denke über die folgenden vier „Verwaltungsfragen" nach:

- „Das haben wir immer schon so gemacht."
- „Das haben wir nie so gemacht."
- „Dafür bin ich nicht zuständig."
- „Da könnte ja jeder kommen."

Wie oft hast du dich schon bei solchen Aussagen ertappt?

Sind diese Aussagen tatsächlich hilfreich, um etwas zum Besseren zu bewegen?

Was kannst du aktiv tun, um diesen Verwaltungsfragen zu entgehen?

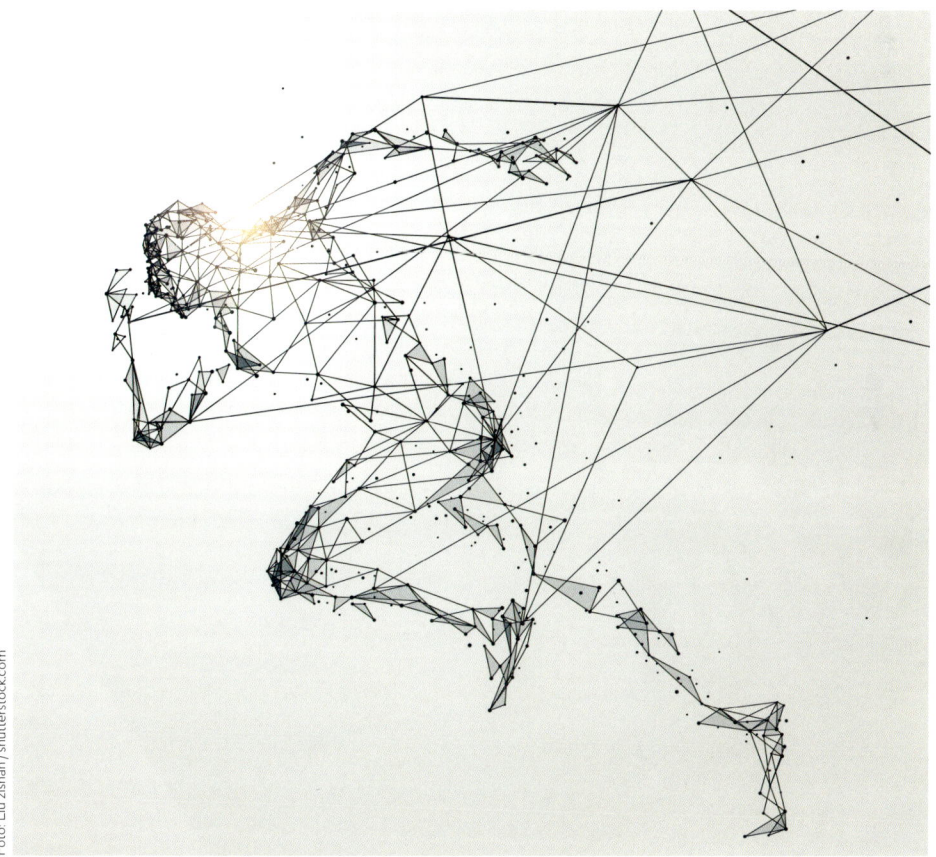

Foto: Liu zishan / shutterstock.com

Dopingkarriere

3

„Wo Geld ist, wird gedopt." *(Robert Harting)*
Gesamtzitat auf S. 74

In diesem Kapitel werden Dopinggründe, kritische Phasen und wie diese zu bewältigen sind, thematisiert. Neben wissenschaftlichen Studien werden Modelle vorgesellt, die zum Nachdenken anregen sollen. Neben den wichtigsten Aufgaben der WADA (World Anti Doping Agency) werden unterschiedliche Arten des Dopings und die damit verbundenen möglichen unterschiedlichen Risiken des Dopings auf verschiedenen Ebenen präsentiert und diskutiert.

3.1 BEST OF „DOPINGGRÜNDE"

Versetze dich in die Lage der jeweiligen Sportler – des Läufers, der Golferin und der Fußballerin. Was glaubst du: Stellt dies einen Tatsachenbericht dar oder ist die Geschichte frei erfunden? Ist so etwas möglich oder eher unwahrscheinlich? Könnte dir das auch passieren?

Der Läufer

Ich wurde von meiner Freundin vor dem Wettkampf stürmisch geküsst und sie nahm vorher aus mir unerklärlichen Gründen eine verbotene Substanz ein. Die Substanz, die auf der Dopingliste stand, wurde in diesem Fall über die Lippen übertragen. Wer hätte das von meiner Freundin gedacht?

Die Golferin

Ich war mit meinem Team im Trainingslager in einem neuen Sporthotel. Ich kann mir die Überführung nur so erklären, dass mir der Koch die Substanz, welche auf der Dopingliste steht, in das Essen gegeben hat. Dafür konnte ich wirklich nichts. Wer hat diesen Koch angestellt? Für mich ist das ein klarer Fall: Jemand wollte mich schädigen.

Die Fußballerin

Um ein sozial engagiertes gesellschaftliches Rollenbild abzugeben, gehe ich regelmäßig zum Blutspenden. Nach der Blutspendeaktion habe ich mich nicht wohl gefühlt, mir jedoch dabei nichts gedacht, da dies nach dem Blutspenden vorkommen kann. Beim routinemäßigen Dopingtest war ich schockiert.

3.2 KRITISCHE PHASEN IM SPORT

3.2.1 Nachwuchssport

In folgenden Phasen kann im Leistungssport besonders viel Druck entstehen. Dabei sind die mentale und emotionale Regeneration besonders wichtig.

Zu frühes Talent Scouting und eigener Manager – „Kinder und Jugendliche werden verheizt"

Sportliche Kinder werden möglicherweise manchmal zu früh von Sportberatern für den Leistungssport gewonnen. Kinder erfahren dadurch teilweise zu früh den Wechsel von Spiel und Spaß am Sport hin zu Leistung, Druck und Verpflichtung.

Zu frühe Spezialisierung – Druck von mehreren Ebenen (Eltern, Trainer, Umfeld etc.) Mobbing und Peer Group Pressure – Macht/Missbrauch im Sport – Doping im Sport

Es kommt immer wieder vor, dass sich Kinder zu früh (aufgrund von engagierten Trainern oder Eltern) auf nur genau eine Sportart fokussieren und konzentrieren.

3.2.2 Kinder möchten gefallen

Nicht nur Kinder haben sportliche Träume, sondern in vielen Fällen auch deren Eltern. In zahlreichen Beratungen ist zu erkennen, dass Eltern selbst sportliche Karrieren hinter sich hatten und diese auf ihre Sprösslinge bewusst oder unbewusst projizieren und oft sogar ihr Streben nach Siegen und Anerkennung übertragen. Hierzu werden auch häufig Social-Media-Kanäle genutzt, um ihr Kind aus Stolz zu präsentieren. Natürlich soll die Freude der Eltern ihren Ausdruck erfahren dürfen. Wichtig ist jedoch, dass die Kinder dabei miteinbezogen werden. Manchen Eltern passiert es möglicherweise, dass sie sich dadurch unreflektiert selbst in den Mittelpunkt stellen und sich dadurch etwas erhoffen, beispielsweise die Anerkennung anderer Eltern.

Kinder werden oft nicht nur als „kleine Erwachsene" gesehen, sondern verhalten sich diesem Rollenbild entsprechend. Viele der Kinder haben das Gefühl, nur dann etwas wert zu sein, wenn sie den Vorstellungen ihrer Bezugspersonen (Eltern, Trainer) entsprechen und müssen oft deren unerreichte Wunschträume durchleben.

Bis zu einem gewissen Grad können viele Kinder dem Druck standhalten und kompensieren das Fehlen von Spiel oder Freizeit mit dem Stolz und der Anerkennung der Bezugspersonen. Kinder im Nachwuchssport sind nach außen hin oftmals unglaublich robust und können augenscheinlich auf viel verzichten. Durch eine intensivere Anstrengung (über die Leistungsgrenzen gehen) gelingt es manchen zwar, gewisse Ziele zu erreichen, gleichzeitig können sie aber ausbrennen.

Sobald der Druck größer wird und einen kritischen individuellen Punkt erreicht hat, geraten Kinder in Schieflage. Wenn sie dem Gesamtpaket aus Schule, Sport und Freizeit nicht mehr gewachsen sind, leidet in den meisten Fällen ihr Selbstwert aufgrund der Nichterreichung der vorgegebenen Ziele. Sie haben das Gefühl, ihre Eltern zu enttäuschen. Manchmal ist für den Sportler aufgrund der körperlichen, mentalen und sozialen Ermüdung bzw. Belastung eine Verletzung die Folge.

Der Sportler kommt dadurch zu einer Ruhephase, um dem Sport etwas „entkommen" zu können und sich aus der Dynamik zu entziehen. Solange, bis das ganze Spiel wieder von vorne beginnt.

Ebenso wichtig ist es, das Wachstum der Kinder im Auge zu behalten, denn Sehnen, Gelenke und Muskeln sind noch nicht vollends ausgereift, um den immensen Anforderungen des Spitzensports gewachsen zu sein. Ähnliches ist bei neurologischen Prozessen zu beachten – diese sind im reifenden Gehirn altersabhängig. Beispielsweise kommt es beim Einschätzen von Distanzen und Geschwindigkeiten zu unterschiedlichen Wahrnehmungen, je nach Alter. Aus entwicklungspsychologischer Sicht gibt es gerade bei Kindern und Jugendlichen große Unterschiede in den jeweiligen Altersstufen.

Mit positivem Beispiel gehen einige Vereine voran, die erst ab einem gewissen Alter Sieg und Niederlage in ihre Sportart einbauen, um zunächst beim Heranwachsen eines Kindes den Spaß und die Freude an der Bewegung zu vermitteln.

Um oben genannte Punkte möglichst zu vermeiden, haben wird das Modell „GESUKI" (Gesunde Kinderentwicklung im Leistungssport) kreiert, mit der Möglichkeit, in den angehenden Leistungssport überzugehen. Das Modell beschreibt die notwendigen Stationen, die ein Kind mit seinem engen Umfeld sinnvollerweise beschreitet. Wir empfehlen dieses Modell in etwa bis zum zwölften Lebensjahr. Es soll als Anregung dienen.

GESUKI – Gesunde Kinderentwicklung im Leistungssport nach Hafner und Keplinger (2019)

- Bis zum Alter von zehn Jahren mindestens drei verschiedene Sportarten ausprobieren und ausführen.
- Ausreichend Regenerationsphasen und Pausen einbauen.
- Erlernen mentaler Fähigkeiten für ein mental gesundes Heranwachsen (z. B. Entspannungsverfahren erlernen mit Hilfe eines Sportpsychologen).
- Mindestens vier bis sechs Wochen die eigentliche Hauptsportart stark reduziert ausführen.
- Trainerwechsel alle zwei bis drei Jahre, um neue Reize zu bekommen.
- Gemeinsame Zielbesprechung mit den Eltern.
- Elternsupervision beim Sportpsychologen mindestens zweimal pro Jahr.
- Mindestens einmal pro Jahr Teambesprechung über den Entwicklungsstand des Kindes bzw. langfristige Zielvereinbarung (Eltern, Trainer, Sportpsychologe, Athlet).
- Gemeinsame Zukunftsplanung (Stärken des Kindes, Alternativpläne zum Sport).
- Social-Media-Beratung (Instagram, Facebook, Whatsapp, Tik Tok, Telonym etc.).

- Medientraining, Interviews etc.
- Erlaubnis und Selbstbestimmtheit, den Sport (nicht leichtfertig aufgrund z. B. von einer oder zwei Niederlagen) nach Reflexion jederzeit zu beenden.

3.3 KRITISCHE PHASEN AUS STUDIENSICHT

Welche internen und externen Faktoren erzeugen Druck beim Athleten?

Steht die sportliche Leistung vor den Bedürfnissen des Menschen?

Wie entwickeln sich Persönlichkeiten im Leistungssport und was wird daraus für die nächste Generation „erlernt und kopiert"?

Anbei erhältst du einen kurzen Einblick in ausgewählte Studien und Artikel zum Thema „Kritische Phasen und Doping im Profisport". Der Sportwissenschaftler Alessandro Donati beschäftigt sich in seiner Umfrage sowohl mit den Mengen der Substanzen, die im Umlauf sind, als auch mit deren klassischer Zielgruppen. Außerdem wird in einer Studie der Sporthochschule Köln der Umgang mit Doping diskutiert. Im internationalen Magazin Leistungslust wird Doping im Freizeitsport aufgearbeitet.

Der interessierte Leser findet die Quellen der Studien jeweils am Kapitelanfang und kann sich anhand der Originalstudien erneut ein Bild über die Gütekriterien machen, sowie dem Text entnehmen, wie viel Gewicht den einzelnen Studien beizumessen ist.

> **Die große Dopingstudie von Alessandro Donati (Originaltitel: „World traffic in doping substances")**
>
> **Gesamte Studie abrufbar über https://www.wada-ama.org/sites/default/files/ resources/files/WADA_Donati_Report_On_Trafficking_2007.pdf. ↓**

In der großangelegten Studie, die bereits 2007 durchgeführt wurde, kam es zu folgenden Kernaussagen:

- Weltweit dopen 15 Millionen Menschen.
- Jährlich werden ca. 700 Tonnen anabole Steroide verwendet.
- In einem Jahr wird eine halbe Tonne Testosteron für 1.500.000 Kunden verkauft.
- Jährlich werden 34 Millionen Ampullen für das Blutdopingmittel EPO hergestellt.
- Jede 10. Dopinglieferung stammt aus China mit Bestimmungsort Westeuropa und Nordamerika.

- Konsumentengruppen
  - Bodybuilder, Türsteher, Bodyguards, Fitnessstudiokunden (ca. 40 %)
  - Athleten (ca. 37 %)
  - Militär und Polizei (ca. 6 %)
  - Showbusiness (ca. 2 %)
  - Andere Gründe – zum Beispiel aufgrund von Krankheiten (ca. 20 % der Konsumenten)

> **Studie der Deutschen Sporthochschule Köln (Originaltitel: „Dysfunktionen des Spitzensports: Doping, Match-Fixing und Gesundheitsgefährdungen aus Sicht von Bevölkerung und Athleten")**
>
> **Gesamte Studie abrufbar unter http://www.bisp.de/SharedDocs/Downloads/ Publikationen / sonstige_Publikationen_Ratgeber / Breuer_Dysfunktionen. pdf?__blob=publicationFile. ↓**

Im Jahr 2013 hat die Deutsche Sporthochschule Köln in Zusammenarbeit mit der Deutschen Sporthilfe eine Studie mit Schwerpunkt Gesundheitsgefährdung durch Doping durchgeführt. Spannend war dabei der Vergleich der unterschiedlichen Sichtweisen der Bevölkerung mit den Sichtweisen der Athleten.

Folgende Hauptaussagen konnten ermittelt werden:

- 1.100 deutsche Athleten haben teilgenommen.
- Themenschwerpunkte waren das Selbstbild, ihre Probleme und Leitlinien von Fair-Play, sowie Gesundheit und Teamgeist.
- Rund 90 Prozent der Athleten machen den Erfolgsdruck für Fehlverhalten verantwortlich.
- Rund 57 Prozent sprechen von Existenzängsten.
- Fast 70 Prozent streben nach Anerkennung.
- Etwas mehr als die Hälfte berichtet von Profitgier und daraus folgendem unsportlichem Verhalten.

Einige erstaunliche Ergebnisse der Studie:

Aussage	Anteil der Athleten, die der Aussage zustimmen (in %)
Sportler haben eine Vorbildfunktion in punkto Leistungsfähigkeit	96,8 %
Sportler haben eine Vorbildfunktion in punkto Leistungswille	98,5 %
Sportler haben eine Vorbildfunktion in punkto Fairness	94,1 %
Spitzensport ist Kommerz	45,0 %
Gewalt unter Sportfans ist weit verbreitet	21,2 %
Spitzensport ist eine reine Medienveranstaltung	12,8 %
Spitzensportler haben es schwer, sich neben dem Sport um eine berufliche Zukunft zu kümmern	82,9 %

Dysfunktionen des Spitzensports (aus Bevölkerungssicht), Wahrnehmung des Spitzensports

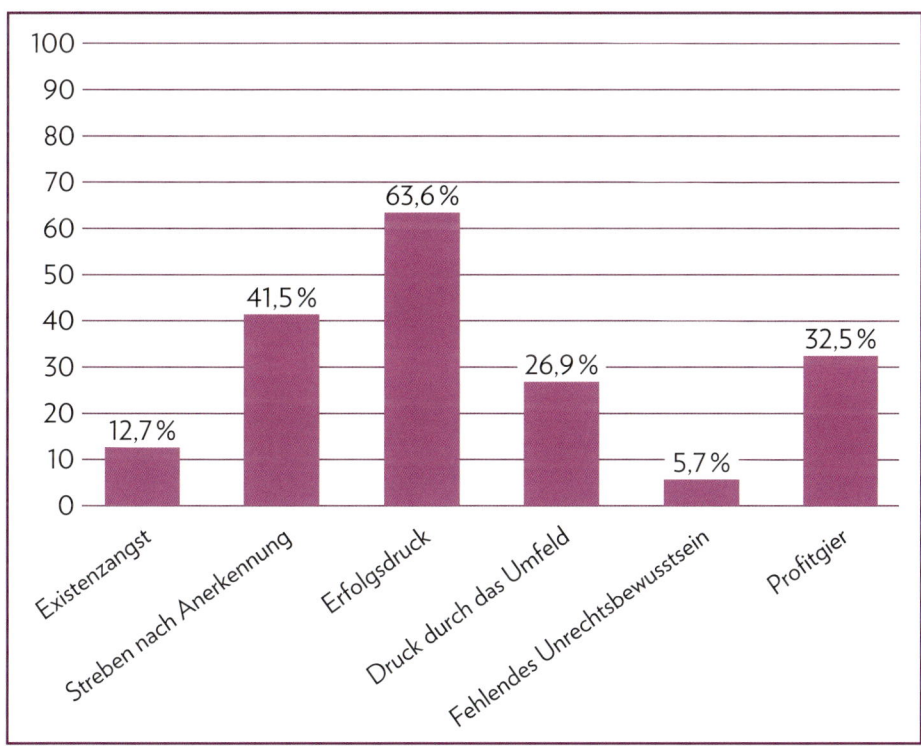

Gründe für das Fehlverhalten (aus Bevölkerungssicht) von deutschen Spitzensportlern

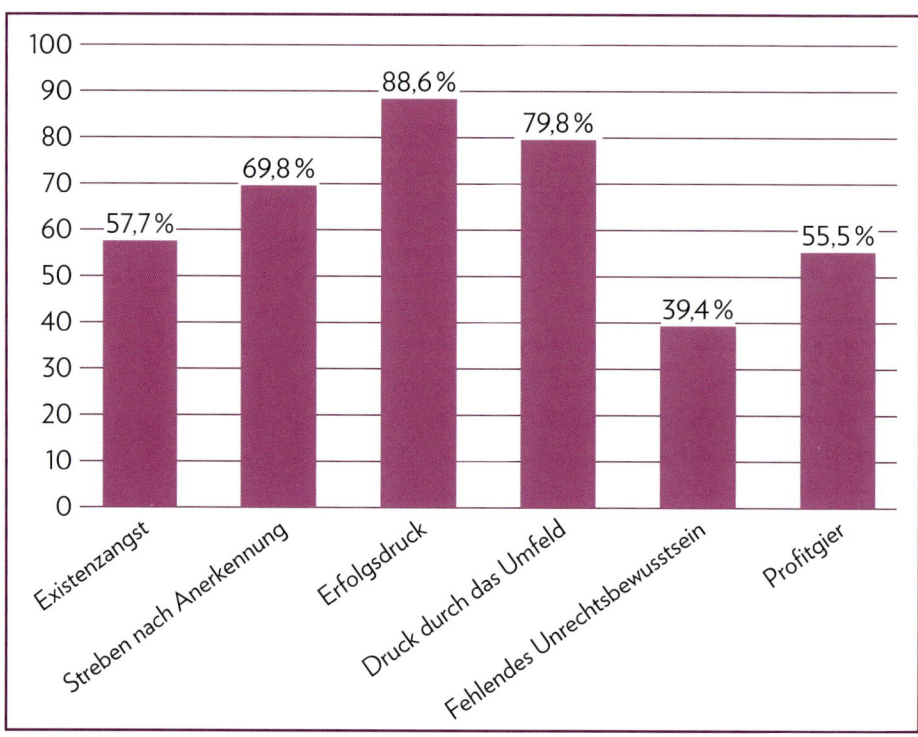

Gründe für das Fehlverhalten (aus Athletensicht) von deutschen Spitzensportlern

Aussage	Ehrlich „Ja"	Ehrlich „Nein"	Keine Antwort
Greifen Sie regelmäßig zu Dopingmitteln?	5,9 %	53,4 %	40,7 %
Greifen Sie regelmäßig zu Schmerzmitteln?	10,8 %	51,3 %	37,9 %
Greifen Sie regelmäßig zu Nahrungs-ergänzungsmitteln?	34,3 %	40,4 %	25,4 %
Leiden Sie unter depressiven Erkrankungen?	9,3 %	49,8 %	40,9 %
Leiden Sie unter Burn-out?	11,4 %	46,1 %	42,4 %
Leiden Sie unter Essstörungen?	9,6 %	52,2 %	38,2 %
Sehen Sie absichtliche Regelverstöße als legitimes sportliches Mittel an?	10,2 %	49,2 %	40,6 %
Waren Sie schon einmal an Absprachen über den Spiel-/Wettkampfausgang beteiligt?	8,7 %	54,0 %	37,2 %
Nehmen Sie gesundheitliche Risiken bewusst in Kauf?	40,5 %	29,7 %	29,7 %

Fehlverhalten und gesundheitsrelevante Verhaltensweisen von Spitzensportlern

Magazin Leistungslust. Doping im Freizeitsport (Originaltitel: „Stärker als der Körper aushält – Doping im Freizeitsport")

Gesamter Artikel abrufbar unter https://leistungslust.de/artikel/staerker-als-der-koerper-aushaelt-doping-im-freizeitsport/. ↓

Im Artikel aus dem Jahr 2016 beschreibt DDr. Hörnig die Situation in deutschen Fitnesscentern folgendermaßen:

- Schätzungen zufolge konsumieren 400.000 Mitglieder deutscher Fitnessstudios Anabolika oder andere Medikamente zur Leistungssteigerung.
- Laut Expertenschätzungen sind es bis zu 20 Prozent der Kraft- und Fitnesssportler, die zu verbotenen Substanzen greifen.
- Die sozioökonomischen Kosten sind nicht abzuschätzen.
- Verdrängungs- und Legitimationsstrategien vieler Konsumenten sind erschreckend.
- Co-Abhängigkeit von Fitnesstrainer und -betreibern (das Wissen um den Konsum, verbunden mit einem nicht-Handeln und -Eingreifen).

Quelle: Bis an die Grenzen. Doping im Hochleistungssport. Andrea Adis Ilona Eisenschmid. Jens-Peter Grunau. 2004.

Doping als komplexes Thema

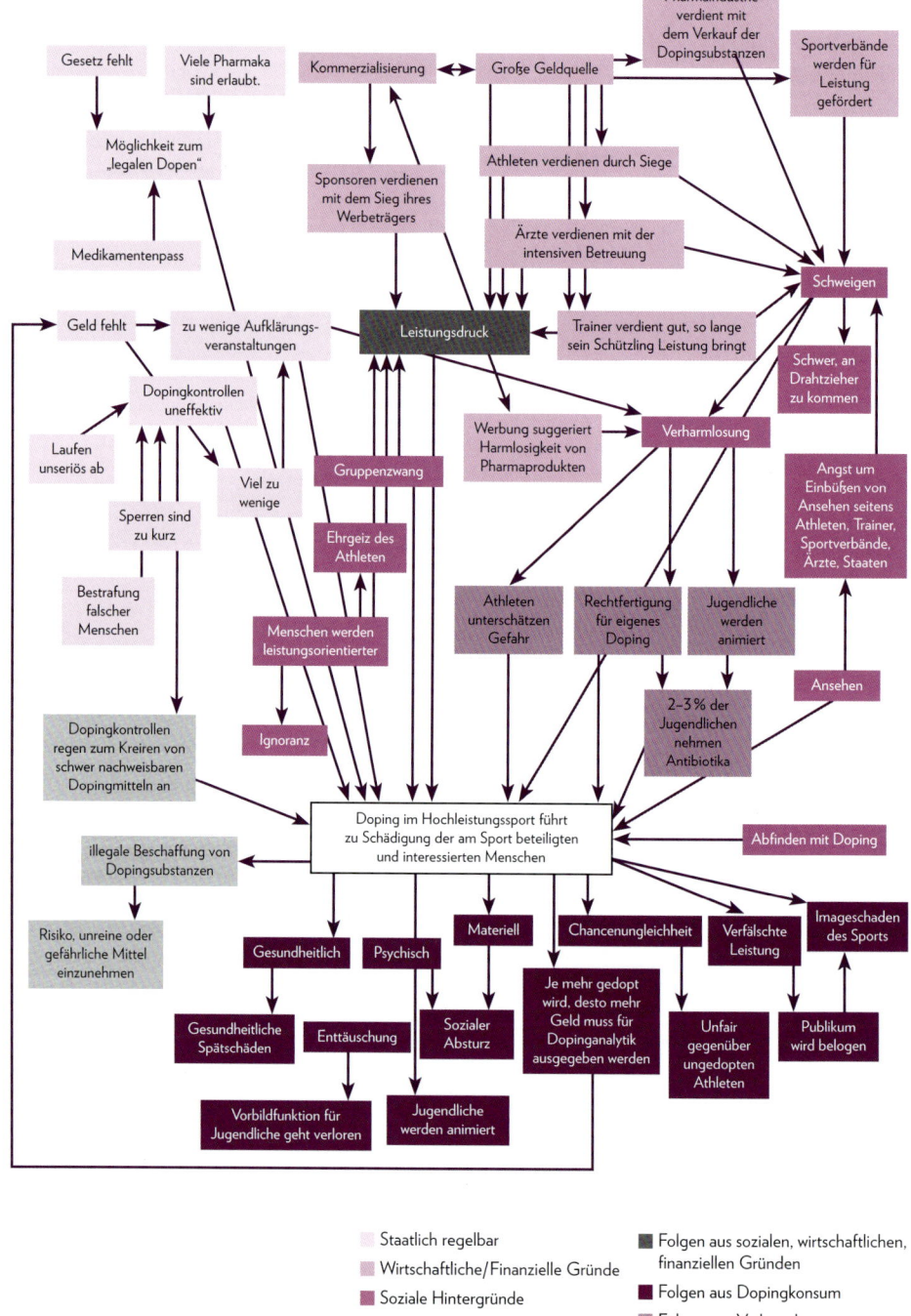

Artikel: Doping der reflexiven Moderne (Originaltitel: „Doping im Spitzensport der reflexiven Moderne")

Gesamter Artikel abrufbar unter unique-sportstime.de/site/wp-content/uploads/ Doping.pdf. ↓

Der Artikel von Robert Gugutzer ist bereits zehn Jahre alt. Der erste Satz im Abstrakt lautet:

„Der Artikel beschreibt und interpretiert Konturen des gegenwärtigen Spitzensports aus der Perspektive der ‚Theorie reflexiver Modernisierung'."

Eine kurze Darstellung dieses Artikels würde seiner Tiefe und Gedanken nicht gerecht werden. Vielleicht wurde aber Interesse für das mehr als lesenswerte Dokument geweckt.

3.4 DOPING-FRÜHERKEN-NUNGS-FRAGEBOGEN DFEF

Doping-Früherkennungs-Fragebogen für Athleten (DFEF) (Keplinger und Hafner, 2019)

Im Zuge unserer Tätigkeit als Sportpsychologen haben wir dieses Screeningverfahren entwickelt. Der Kurzfragebogen soll ein schnelles und einfaches Reflektieren ermöglichen. Dabei kann festgestellt werden, ob jemand stark oder zumindest teilweise Doping-gefährdet ist.

Den Fragebogen nach Keplinger und Hafner (2019) soll der Sportler alleine ausfüllen, um hier den Effekt der „sozial-erwünschten Antworten" ausschließen zu können.

Bitte beantworte spontan folgende Fragen mit

Trifft voll zu	3 Punkte
Trifft teilweise zu	2 Punkte
Trifft nicht zu	1 Punkt

1. Ich habe keine sportpsychologische Betreuung.
2. Ich bin ständigem Druck ausgesetzt.
3. Meine finanzielle Situation ist prekär.
4. Ich bin an meiner Leistungsgrenze angelangt.
5. Ich bin von Dopern umgeben.
6. Mir wird regelmäßig Doping angeboten.
7. Ich habe mir schon einmal überlegt, zu dopen.
8. Es wäre mir egal, erwischt zu werden.
9. Es gibt niemanden (Freunde, Familie, Trainer, innere Stimme, Bauchgefühl), der mich vom Dopen abhält.
10. Mein Trainer befürwortet Doping.

Auswertung

Gruppe 1:   Bleib wachsam!

Gruppe 2:   Achte verstärkt auf dein Verhalten!

Gruppe 3:   Starke Gefährdungssituation!

Auswertung DFEF

Gruppe 1: 10 bis 17 Punkte. Bleib wachsam!

Du bist als Sportler zur Zeit wenig gefährdet, zu dopen. Achte darauf, dass du auch in Zukunft wachsam bleibst. Idealerweise hast du regelmäßig sportpsychologische Beratung, bei der du deine mentalen Fähigkeiten stärkst und weiterhin klar, fokussiert und erfolgreich deinen Sport ausüben kannst.

Gruppe 2: 18 bis 23 Punkte. Achte verstärkt auf dein Verhalten!

Du bist als Sportler teilweise gefährdet, zu dopen. Falls du aktuell keine sportpsychologische Betreuung in Anspruch nimmst, wird empfohlen, mit einem Sportpsychologen deine Situation zu besprechen, damit du reflektiert und zielgerichtet deinem Sport nachgehen kannst.

Gruppe 3: 24 bis 30 Punkte. Starke Gefährdungssituation!

Du bist als Sportler sehr gefährdet, zu dopen. Es wird empfohlen, zeitnah einen ausgebildeten Sportpsychologen zu kontaktieren, um unter Verschwiegenheit deine Situation zu reflektieren, dich in deiner Situation beraten zu lassen und weitere Schritte zu setzen, damit du deine Persönlichkeit stärken und deine sportliche Karriere weiter planen kannst.

3.5 KARRIEREVERLAUF MIT DOPING

3.5.1 Einflussfaktoren eines Sportlers

Mögliche Erklärungsversuche für Doping

Folgende Punkte der einzelnen Sportentwicklungsphasen können auch Teile einer Sportlerkarriere sein, die öffentlich beziehungsweise medial kaum beachtet oder diskutiert werden und zu einer „Dopingkarriere" führen können, weil sie besonders belastend sein können.

Wir unterscheiden drei Phasen: Karrierebeginn, während der Kariere und nach der Karriere. Die Auflistungen haben keinen Anspruch auf Vollständigkeit. Je nach Sportlerpersönlichkeit können Punkte ergänzt, adaptiert bzw. gestrichen werden.

Gehe folgende Punkte durch und reflektiere, ob gewisse Phasen für dich stark belastend sind bzw. waren.

Karrierebeginn

- Zeit und Geld (zu Beginn werden oft Ressourcen der Eltern verwendet)
- Zu hohe „Überförderung" bzw. Überforderung durch anspruchsvolle Eltern (Ausleben der eigenen Bedürfnisse stellvertretend durch die Kinder)
- „Verlorene Kindheit und Jugend"
- Aufwachsen in bestimmten Settings (Internat-Leistungsgesellschaft)
- Voller Terminplan mit wenig Freizeit

Während der Karriere

- Schmerzen (Trainieren unter ständigen Schmerzen)
- Verletzungen und Überbeanspruchungen im Leistungssport (physische und psychische Ebene)
- Druck im Leistungssport durch Machtgefüge
- Konkurrenzkampf
- Zeit und Geld (zeitliches und monetäres Investment im Laufe der Karriere oft beim Athleten selbst)
- Ausbeutung von Athleten/falsche Versprechungen/ethisch und moralisch fragwürdiges Verhalten von vielen Seiten
- Psychischer und körperlicher Missbrauch
- Druck durch Sponsoren (u. a. auch Suche nach Sponsoren bzw. Wegfall von Sponsoren)

- Notwendiger Nebenjob als Profisportler (vor allem in gesellschaftlich kaum präsenten Sportarten)
- Unsicheres Fördersystem (Ungewissheit)

Nach der Karriere

- Fehlende Berufsausbildung
- „Außer Spesen nix gewesen" (mögliche Schulden?)
- Wahrscheinlichkeit, als Spitzensportler durchzustarten (eine Person von 100/1.000/ 10.000)
- Chronische Schmerzen des Körpers
- Verletzte bzw. angeschlagene Psyche
- Verspätete Familienplanung

In allen Phasen spielen Faktoren wie Selbstwert und Selbstakzeptanz eine große Rolle. Sich seiner Selbst bewusst zu sein – seine Stärken und Herausforderungen zu kennen und mit Niederlagen und Siegen umgehen zu können, sind entscheidende Faktoren, die eine Dopingkarriere massiv beeinflussen können.

Nicht zu dopen ist vor allem im Spitzensport eine ständige Entscheidung. Sie muss immer wieder neu getroffen werden. Je besser eine Sportlerpersönlichkeit ausgeprägt ist, desto leichter, bestimmter und klarer fallen diese ständigen Entscheidungsprozesse aus. Wiederum kann ein Sportpsychologe gut beraten und unterstützen.

Die Selbstverantwortung unterstützt den mündigen Sportler. Allzu leicht könnte man die Verantwortung im Sport abgeben und sich der Fremdverantwortung hingeben:

- „der Arzt wird's schon wissen",
- „der Trainer würde das ja nicht vorschlagen",
- „der Verband würde das ja nicht dulden".

Meine persönlichen Ergänzungen sind:

....

....

....

....

....

3.5.2 Doping-Lebenslauf

Möglicher Lebenslauf eines „Doping-Sportlers" – unterschiedliche Entscheidungsprozesse und mögliche Abzweigungen, mit positiven oder negativen Auswirkungen auf die Leistung und das Verhalten eines Athleten.

Das Thema Doping im Laufe einer Sportlerkarriere ist ein ständiges Thema. Nicht selten stellen sich die Athleten Fragen an sich selbst oder machen sich Gedanken zu ihrer Person, zu ihrer Performance.

- Ich bin jung und unerfahren, weiß es nicht besser und greife zu unerlaubten Substanzen.
- Ich habe Leistungseinbrüche und greife zu unerlaubten Substanzen.
- Ich leide derzeit unter einer privaten Krise.
- Ich habe eine Verletzung und möchte schneller wieder aktiv im Sportgeschehen mitmischen.
- Ich habe ein Motivationstief.
- Ich stehe kurz vor den Qualifikationswettkämpfen von Großereignissen, darum steigere ich meine Leistung mit Doping.
- Ich stehe kurz vor meinem gesteckten Ziel und helfe mit Doping nach.
- Ich bin mittendrin im Leistungsprozess und möchte gut bleiben.
- Ich habe mein Ziel bereits erreicht, möchte es aber noch einmal toppen.
- Ich sehe keinen anderen Ausweg als zu dopen, um im Team zu bleiben. Ohne Doping wären meine Leistungen zu schwach.
- Meine Sportkollegen, Trainer, Ärzte etc. haben mich auf die Idee gebracht.
- Ich habe ein zu geringes Selbstwertgefühl, um NEIN zu sagen.
- Ich werde durch äußere Einflüsse dazu gedrängt.
- Ich bin schon ein etwas „älterer" Athlet und möchte mit den jungen Athleten mithalten.

Kennst du von dir auch einen oder mehrere dieser Aussagen? Überlege, welchen Einfluss diese Aussagen auf wichtige Entscheidungen haben können.

Aufgrund der vielen Herausforderungen im Laufe einer Sportlerkarriere ist es immer wieder wichtig zu reflektieren und sich der Thematik des Dopings bewusst zu sein. Doping lauert vielleicht bei manchen Sportlern an jeder Ecke. Die Versuchung, in einer „schweren Phase" zu erliegen, scheint teilweise nachvollziehbar – was es natürlich nicht rechtfertigt!

Nicht zu dopen ist als Leistungssportler ein ständiger Prozess!

3.5.3 Warum ich nicht dope!

Führe hier deine drei wichtigsten Punkte auf, warum du nicht dopen wirst.

1. ....

2. ....

3. ....

3.5.4 „Alle Doper sind Opfer – alle Doper sind Täter"

Offener Sokratischer Dialog zwischen zwei Sportbegeisterten:

Anna und Gustav betreiben regelmäßig Sport, beobachten die internationale Sportszene und machen sich auch immer wieder Gedanken zum Thema Doping. Bei diesem Treffen prallen wieder einmal ihre beiden entgegengesetzten Meinungen aufeinander.

Ich kann einfach nicht verstehen, wie du auf diese Meinung kommst …

Schau, es ist doch ganz einfach. Die Sportler entscheiden sich bewusst für das Doping.

Nein, das kann ich einfach nicht glauben, Sportler sind sehr starkem Druck ausgesetzt, sind teilweise so in der Spannung, da können sie nichts dafür, wenn sie verführt werden.

Aber das kann doch nicht sein, einfach zu sagen, dass sie von den „bösen Trainern" oder „Verbänden" verführt werden und sie gar keine Schuld trifft.

Doch, das würde ich schon sagen. Es sind aber wohl nicht die Trainer, die natürlich auch stark unter Druck stehen, sondern es sind Personen mit gewissen Kontakten, die nach dem Training oder vor dem Wettkampf auf die Sportler zugehen und ihnen tolle Erfolge versprechen.

Aber genau da denke ich doch, dass jeder Sportler weiß, dass nur durch hartes Training und regelmäßige Physio, Stretching, Regeneration, richtige Ernährung etc. ein Erfolg sichtbar ist.

Wenn dann aber viele im Team dopen und man das am Rande mitbekommt – das nennt man dann Gruppendruck oder sozialer Druck – dann bist du quasi gezwungen, auch zu dopen.

Ich glaube trotzdem, dass ein Sportler zu jeder Sekunde seiner Karriere die freie Wahl hat, ob er dopt oder nicht.

In vielen Ländern wird angeblich systematisch gedopt. Da wird von Verbänden, teilweise sogar vom Staat, eine gewisse „Doping-Kultur" vorgelebt. Entweder du bist Teil des Systems oder du bist nicht im System und musst deine Karriere beenden.

Genau das meine ich aber. Du hast den freien Willen, jederzeit auszusteigen.

Bedenke aber, du bist vielleicht seit Jahren in dem Sport, machst sonst nichts anderes und hast vielleicht Geldnöte, ich glaube da ist es leicht, als Sportler „ein Auge zuzudrücken" und es einmal zu probieren.

Es gibt immer Gründe, warum es soweit kommen kann. Natürlich geht es auch um Konsequenzen. Ich glaube schon auch, dass es eine Rolle spielt, in welchem Land man lebt als Sportler. Es gibt Nationen, in denen mit rechtlichen Schritten und Haft gedroht wird. In anderen Ländern bist du vielleicht „nur" gesperrt für einen gewissen Zeitraum.

Eben, das meine ich doch. Wenn es wenig ausmacht zu dopen bzw. erwischt zu werden, dann ist eine Verführung in unterschiedlichen Karrierephasen wahrscheinlich ganz einfach. Da gilt als „Agent" der Dopingprodukte vor allem eins – dranbleiben, auf der Lauer sein, und immer wieder nachfragen. Und in einem Moment der Unaufmerksamkeit ist es dann auch schon passiert.

Und ich sage, reflektierte Persönlichkeiten können selbst in Phasen von Niederlagen oder Verletzungen klar hinter ihren Prinzipien stehen und bleiben aufgrund ihrer klaren Meinung dopingfrei. Außer sie wollen mit unerlaubten Mitteln an den Wettkämpfen teilnehmen. Aber dann sind sie keine Opfer wie du es meinst, sondern Täter.

Sie sind immer Opfer. Genau das ist ja das Problem. Das System zwingt sie zum Dopen.

Der Dialog geht noch circa eine Stunde weiter. Anna und Gustav kommen auf keinen gemeinsamen Nenner. Jeder von ihnen vertritt ganz klar den eigenen Standpunkt. Täter vs. Opfer.

Wie siehst du das?

Foto: fizkes / shutterstock.com

Die Fahrer sind Opfer.

Greg LeMond (amerikanischer Radprofi, Tour-de-France-Sieger):

> „Die Fahrer sind Opfer. Die meisten nehmen Dopingmittel nur ungern. Deshalb ist es notwendig, dass effektive Kontrollen durchgeführt werden, mit denen die Mittel wirklich nachgewiesen werden können. Nur so wird Chancengleichheit hergestellt, denn niemand wird sich dann noch dopen."

Quelle: Le Dauphiné Libéré, 28.07.1998

Der Fahrer ist der Hauptverantwortliche, er kann wählen.

Hein Verbruggen (Präsident des Internationalen Radsport-Verbands UCI, Vertreter der Sommersportarten im IOC) zum Skandal bei der Tour de France 1998:

> „Der Fahrer ist der Hauptverantwortliche, er kann wählen. Ich fühle mich in keiner Weise schuldig oder verantwortlich dafür, dass ein Fahrer sich dopt oder ein Pfleger ihn dabei unterstützt."

Quelle: Le Monde, 02.11.2000

Foto: Pavel_Klimenko / shutterstock.com

3.6 WAS IST DOPING?

3.6.1 Engelchen links – Teufelchen rechts

Der ganz normale Wahnsinn im Leben eines Spitzensportlers. So wie jede Woche gibt es sehr viele Termine und Einheiten: Training, Ausbildung, Wettkampf, Reisen, Social Media, Pressetermine etc.

„In diesen Phasen komme ich kaum zu klaren Gedanken". Der Sportler Laureus hält zwischendurch kurz inne, um sich zu besinnen und hört auf einmal zwei Stimmen.

Hey Laureus. Weitermachen. Keine Zeit für eine Pause.

Hör nicht auf ihn. Lass es dir gut gehen, und erhole dich zumindest für ein paar Minuten.

Du immer mit deinen guten Vorschlägen.

Lass das! Ich meine es ja nur gut.

Ja, aber mit „gut meinen" gewinnt man keine Olympischen Spiele.

Oh doch, das denke ich sehr wohl!

Ich würde dir, lieber Laureus, sogar empfehlen, dich abzusichern.

Wie soll er sich denn absichern? Wir sind doch gut versichert?

Ich meine doch keine Versicherung – sondern einen Leistungsboost.

Und wie soll das gehen? Laureus, du trainierst mehr als genug – hör nicht auf ihn!

Ich spreche doch nicht vom Training!

Vom Regenerieren kannst du wohl nicht reden, sonst hättest du vorhin ja nicht gegen diese Ruhephase gesprochen.

Richtig. Du bist ja ganz schön clever!

Aber was meinst du dann bitte?

Na, denk mal nach!

Ich komm nicht drauf.

Laureus weiß schon längst, was gemeint ist! Er hat es kürzlich bei der Konkurrenz wahrgenommen.

Du meinst doch nicht etwa …

… oh doch!

Laureus, lass dich nur nicht darauf ein!

Laureus weiß was er will. Er will diese Medaille – koste es, was es wolle.

Aber nicht um diesen Preis, Laureus!

Ich bin mir sicher, Laureus, du entscheidest dich für den Erfolg – andere tun es doch auch.

Bleib stark! Denk an deine Werte!

Tu es!

Nein, lass ihn in Ruhe.

Du kennst die nächsten Schritte. Du hast es dir verdient. Du hast so viel geleistet. Hol dir den Erfolg, die anderen kämpfen doch auch mit unfairen Mitteln!

Nein, nein, nein!

Sei kein Spielverderber.

Aber, ich …

Aber was?

Laureuuuuuuuusssss. NIIIIIIIIIIIIIIIIIIIIIIICHT.

Sicherlich ergeht es dir manchmal auch so.

Kennst du auch diese inneren Dialoge?

Wie schauen deine inneren Selbstgespräche aus?

Warum Doping? Was soll Doping?

Eine nicht unwesentliche Frage, die sich zum Thema Doping stellt:

- Was ist der Eigenzweck?
- Was soll es bewirken?

Doping soll unterschiedliche Systeme aktivieren. Folgende Beispiele sollen als Richtwert dienen:

- Kokain soll das Selbstvertrauen erhöhen.
- Amphetamine sollen einen Kick bringen.
- Manipulierte Gene sollen die Leistung erhöhen.
- Anabolika sollen die Muskelkraft erhöhen.
- Erythropoietin (EPO) soll die Ausdauer steigern.
- Beta-Blocker sollen Stress abbauen.
- Schmerzmittel sollen Schmerz unterdrücken.

3.6.2 System ADAMS zur Datenerfassung für Leistungssportler

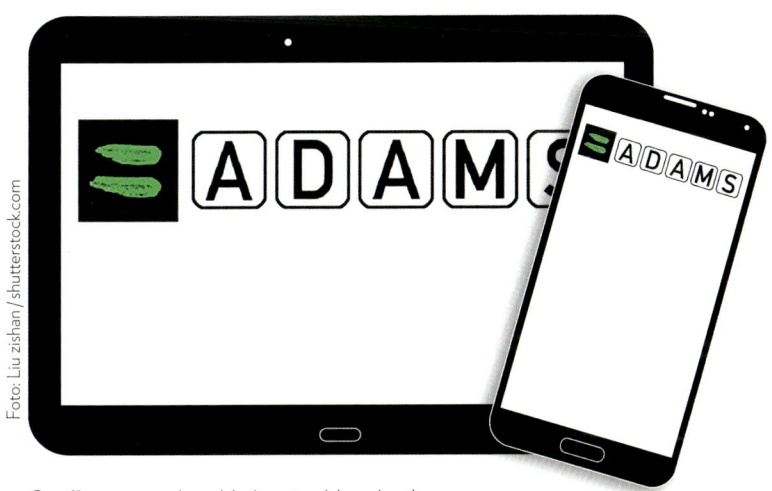

Foto: Liu zishan / shutterstock.com

Quelle: www.nada.at / de / service / download-center

3.6.3 Durchführung einer Dopingkontrolle

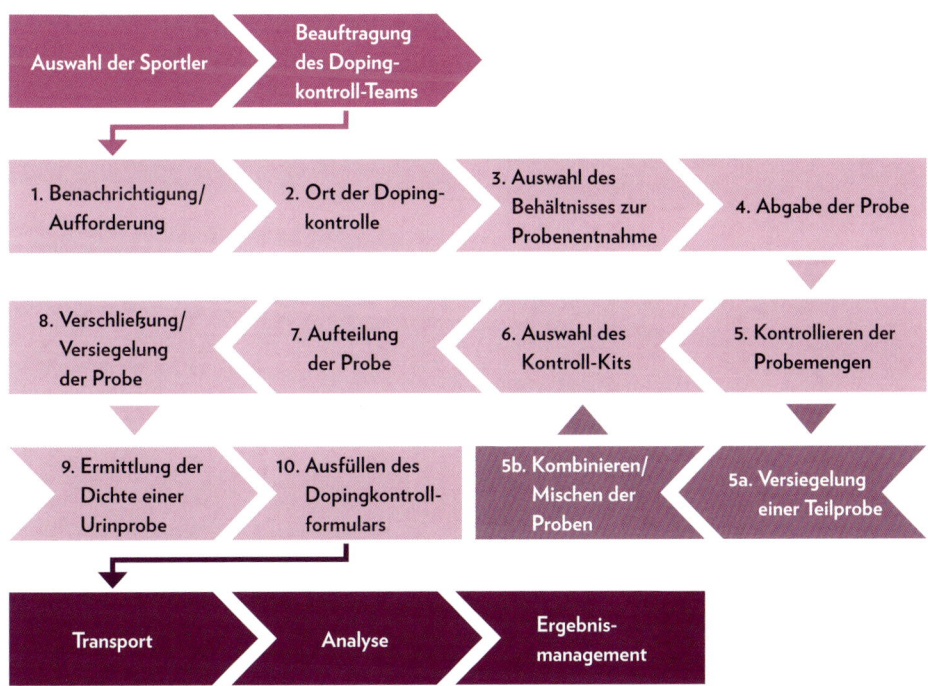

Quelle: www.nada.at / de / service / download-center
(Aus Handbuch für Leistungssportler)

3.6.4 Doping einfach erklärt – Verbotsliste

**Der Welt-Anti-Doping-Code definiert folgende Verstöße
gegen die Anti-Dopingbestimmungen:**

1. Vorhandensein einer verbotenen **Substanz im Körper** eines Sportlers
2. (Versuchte) **Anwendung** einer verbotenen Substanz oder Methode
3. **Umgehung** der Probenahme bzw. **Weigerung** oder **Versäumnis**, eine Probe abzugeben
4. **Meldepflichtverstöße**
5. (Versuchte) **unzulässige Einflussnahme** auf einen Teil des Dopingkontroll-Verfahrens
6. **Besitz** einer verbotenen Substanz oder Methode
7. Das (versuchte) **Inverkehrbringen** von verbotenen Substanzen oder Methoden
8. Die (versuchte) **Verabreichung** von verbotenen Substanzen oder Methoden bei Sportlern
9. **Beihilfe** (z. B. Anleitung, Verschleierung)
10. **Verbotener Umgang** mit einer gesperrten Betreuungsperson

(vereinfachte Darstellung)

In und außerhalb von Wettkämpfen verboten:

S0. Nicht zugelassene Substanzen
S1. Anabole Substanzen
S2. Peptidhormone, Wachstumsfaktoren, verwandte Substanzen un Mimetika
S3. Beta-2-Agonisten
S4. Hormone und Stoffwechsel-Modulatoren
S5. Diuretika und Maskierungsmittel
M1. Manipulation von Blut und Blutbestandteilen
M2. Chemische und physikalische Manipulation
M3. Gendoping

Im Wettkampf verboten:

S6. Stimulanzien
S7. Narkotika
S8. Cannabinoide
S9. Glukokortikoide

In bestimmten Sportarten verboten:

P1. Beta-Blocker

(vereinfachte Darstellung)

Quelle: www.nada.at/de/service/download-center
(Aus Handbuch für Leistungssportler)

3.6.5 Verstöße der Anti-Doping-Bestimmungen

Neben dem „klassischen" Dopingfall durch eine positive Dopingprobe gibt es aber auch noch eine ganze Reihe anderer Verstöße gegen die Anti-Doping Bestimmungen, die zu Sanktionen führen.

Der aktuelle WADC definiert folgende Verstöße gegen die Anti-Doping Bestimmungen:

1. Vorhandensein einer verbotenen **Substanz im Körper** eines Sportlers
2. (Versuchte) **Anwendung** einer verbotenen Substanz oder Methode
3. **Umgehung** der Probenahme bzw. **Weigerung** oder **Versäumnis**, eine Probe abzugeben
4. **Meldepflichtverstöße**
5. (Versuchte) **unzulässige Einflussnahme** auf einen Teil des Dopingkontroll-Verfahrens
6. **Besitz** einer verbotenen Substanz oder Methode
7. Das (versuchte) **Inverkehrbringen** von verbotenen Substanzen oder Methoden
8. Die (versuchte) **Verabreichung** von verbotenen Substanzen oder Methoden bei Sportlern
9. **Beihilfe** (z. B. Anleitung, Verschleierung)
10. **Verbotener Umgang** mit einer gesperrten Betreuungsperson

(vereinfachte Darstellung)

Um in die Verbotsliste aufgenomen zu werden, muss eine Substanz oder Methode mindestens zwei von drei Eigenschaften erfüllen:

1. Die Anwendung hat das Potenzial, die sportliche Leistung zu steigern.
2. Die Anwendung stellt ein Risiko für die Gesundheit dar.
3. Die Anwendung verstößt gegen den von der WADA definierten Sportgeist.

Quelle: www.nada.at/de/service/download-center
(Aus Handbuch für Nachwuchs-, Breiten-, Freizeitsport)

3.6.6 WADA

Die World Anti-Doping Agency (WADA) ist eine internationale, unabhängige Institution (Stiftung nach Schweizer Recht). Sie wurde 1999 als Ergebnis einer vom Internationalen Olympischen Committee initiierten Welt-Anti-Doping-Konferenz mit dem Ziel gegründet, die Anti-Doping Bemühungen auf internationaler und nationaler Ebene zu koordinieren und zu harmonisieren.

Welt Anti-Doping Programm

Das von der WADA initiierte Welt Anti-Doping-Programm umfasst drei Levels:

1.   Welt Anti-Doping-Code (WADC)

2.   Internationale Standards

3.   Best Practice-Modelle

Grundlegendes Dokument zur weltweiten Harmonisierung der bisherigen Anti Doping-Regeln aller Sportarten und Länder der Welt ist dabei der Welt Anti-Doping Code, der von allen wichtigen Sportorganisationen unterschrieben wurde.

Die Hauptaufgabe der WADA ist die internationale Harmonisierung von Anti Doping-Regelungen. Grundlage dieser Bestrebungen sind der WADC und die jährlich aktualisierte Verbotsliste. Zusätzlich zu diesen Regelwerken gibt es Standards für Dopingkontrollen, TUEs, Labors und Datenschutz.

Zusätzlich haben mehr als 160 Staaten eine Konvention der UNESCO gegen Doping im Sport ratifiziert. Die unterzeichnenden Regierungen verpflichten sich, ihre eigene nationale Anti Doping-Politik an der WADC anzugleichen, um so die weltweite Harmonisierung voranzutreiben.

Mit 1. Jänner 2015 ist der neue, derzeit gültige WADC in Kraft getreten. Wesentliche Änderungen sind die Erhöhung der Dauer der „Standard-Sperre" von zwei auf vier Jahre, die Erweiterung der Milderungsgründe für außergewöhnliche Umstände und die Ausdehnung der Verjährungsfrist für Verstöße gegen die Anti Doping-Bestimmungen von acht auf zehn Jahre.

Quelle: www.nada.at/de/service/download-center
(Aus Handbuch für Nachwuchs-, Breiten-, Freizeitsport)

Unter dem Link: https://www.nada.at/de/service/download-center kannst du dir bei Interesse weitere spannende Broschüren zum Thema Gendoping herunterladen.

3.7 DOPING: MOTIVATION UND AUSWIRKUNGEN

3.7.1 Dopinggründe

- Wirtschaftliche Abhängigkeit vom Sport:
  Wer vom Sport leben muss, ist eher geneigt, seinen Körper als Werkzeug zu betrachten.

- Abhängigkeit von Medien und Sponsoren:
  Ein schlechtes Ergebnis kann sich fatal auf Medienberichterstattung und Sponsorgelder auswirken.

- Selektionsdruck:
  Geringe Anzahl an Kaderplätzen und Fördergeldern. Nur die Besten kommen ins Team –
  nur die Besten erhalten Fördergelder.

- Hohe Wettkampfhäufigkeit und fehlende Regenerationszeiten:
  Je mehr Wettkämpfe, desto weniger Zeit für Regeneration.

- Politische Instrumentalisierung:
  Sport als Möglichkeit, im internationalen Vergleich die eigene Bedeutung zu demonstrieren.

Quelle: www.nada.at/de/service/download-center
(Aus Handbuch für Nachwuchs-, Breiten-, Freizeitsport)

3.7.2 Folgen von Doping

Eines der wichtigsten Ziele des Welt-Anti-Doping-Codes (WADC) ist die weltweite Vereinheitlichung der Sanktionen für Verstöße gegen die Anti Doping-Bestimmungen. Folgende Sanktionen (Auszug) sind vorgesehen:

- Als „Standard-Sperre" sind vier Jahre vorgesehen, es gibt aber Erschwernis- und Milderungsgründe.

- Disqualifikation bzw. Annullierung von Ergebnissen bei Wettkampfveranstaltungen.

- Für drei Verstöße gegen die Meldepflichten innerhalb von zwölf Monaten droht eine Sperre von mind. einem und max. zwei Jahren.

- Beihilfe wird mit mind. zwei Jahren Sperre geahndet.

- Für den verbotenen Umgang mit gesperrten Betreuungspersonen droht eine Sperre von mind. einem und max. zwei Jahren.

- Besitz, Handel und Weitergabe verbotener Substanzen oder Methoden werden besonders strikt geahndet. Hier sind bereits beim ersten Verstoß lebenslange Sperren möglich.

- Bei umfassender Kooperation (Kronzeuge) ist eine deutliche Reduzierung der Sperre möglich.

Zusätzlich ist in Östereich ein lebenslanger Ausschluss von allen Sportfördermaßnahmen vorgesehen.

Ein gesperrter Sportler darf weder an Wettkämpfen, die direkt oder indirekt von einem Unterzeichner des WADC organisiert werden, teilnehmen, noch an Wettkämpfen, die von einem internationalen oder nationalen Veranstalter genehmigt oder organisiert werden.

Gesperrte Personen dürfen während der Sperre keine Betreuungstätigkeiten ausüben. Falls die Dauer der Sperre zwei Jahre übersteigt oder eine mit Doping zusammenhängende straf- oder standesrechtliche Verurteilung vorliegt, darf diese Person für mindestens sechs Jahre seit der entsprechenden Entscheidung nicht als Betreuungsperson eingesetzt werden.

Neben den sportrechtlichen Sanktionen drohen in Österreich auch gerichtliche Strafmaßnahmen. Für Besitz, Handel und Weitergabe verbotener Substanzen oder Methoden sind bis zu fünf Jahre Haft vorgesehen, Sportbetrug durch Doping kann mit bis zu zehn Jahren Haft geahndet wedren.

Quelle: www.nada.at/de/service/download-center
(Aus Handbuch für Leistungssportler)

3.7.3   Clean Sports

Tipps für einen sauberen Sport

1.   Hab Spaß und vertraue auf deine eigene Stärke.

2.   Melde dich bei allen Fragen und Unklarheiten zur Anti-Doping-Arbeit bei den Mitarbeitern der Nada Austria.

3.   Nutze die Medikamentenabfrage bzw. die Medapp bei jeder medizinischen Behandlung.

4.   Nimm Nahrungsergänzungsmittel nur in Abstimmung mit einer Fachperson und vertraue nur auf unabhängig getestete Produkte.

5.   Fordere dein Recht auf sauberen Sport ein.

Quelle: www.nada.at/de/service/download-center
(Aus Handbuch für Nachwuchs-, Breiten-, Freizeitsport)

3.7.4 Warum und zu welchem Zweck dopen?

In der Psychologie werden unterschiedliche Arten von Motivation beschrieben. Die intrinsische Motivation ist der innere Antrieb, das „innere Feuer", auf ein gestecktes Ziel hinzuarbeiten. Die extrinsische Motivation beschreibt von außen kommende Reize und Einflüsse, die zum Beispiel Geld oder Anerkennung darstellen.

Intrinsische Motivation zu Dopen:

- Möglichkeit, Idole nachzuahmen und selbst zu einem Idol werden zu können.
- Möglichkeit, Nachteile durch Verletzung oder Älterwerden auszugleichen.
- Stressabbau.
- Minderwertigkeitskomplexe, fehlende Bereitschaft, über eigene Anstrengungen Erfolge und/oder körperliche Veränderungen zu erzielen.
- Depressive Tendenz, die über Erfolge im Leistungssport neutralisiert werden kann.

Quelle: Arndt, Singler & Treutlein (2004, S. 17)

Ergänzend dazu kann man noch folgende intrinsische Faktoren erkennen:

- Stabilisierung von Leistung
- Verschiebung vorhandener Körpergrenze
- Misserfolgsvermeidung
- Verheimlichung von sportlichen Leistungseinbrüchen

Extrinsische Motivation zu Dopen:

- Selektionsdruck
- Medienpräsenz
- Erwartungen von Vereinen und Verbänden
- Hohe Trainingsbelastung
- Häufige Wettkämpfe
- Spitzen- und Rekordleistungen
- Zeitlich begrenzte Spitzensport-Karriere
- Medizinische Möglichkeiten hinsichtlich der Beeinflussung der Leistungsentwicklung
- Gewöhnungseffekt
- Doping ohne Wissen der Betroffenen
- Doping wider Willen

Quelle: Arndt, Singler & Treutlein (2004, S. 18)

3.7.5 Doping-Zeitpunkte

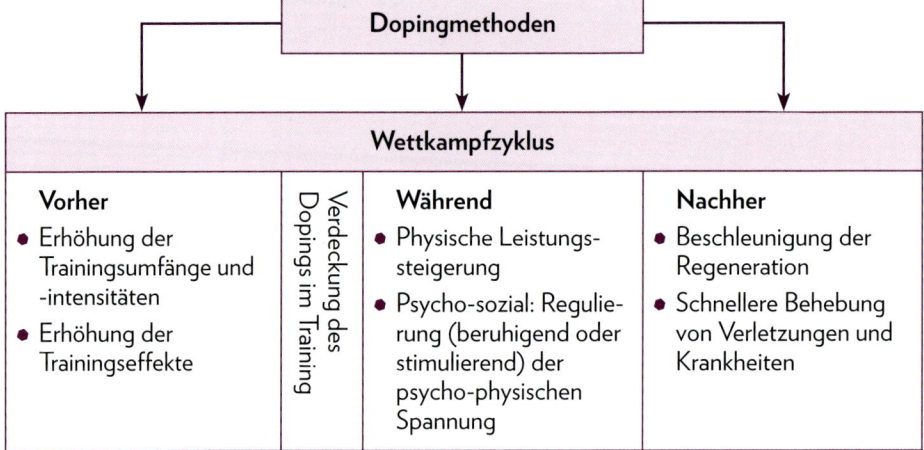

Dopingmethoden
Quelle: No dope – no hope? Vorlesung Sportpädagogik WS 2014/15. Prof. Dr. W.-D. Miethling.

3.7.6 Perspektiven des System Dopings

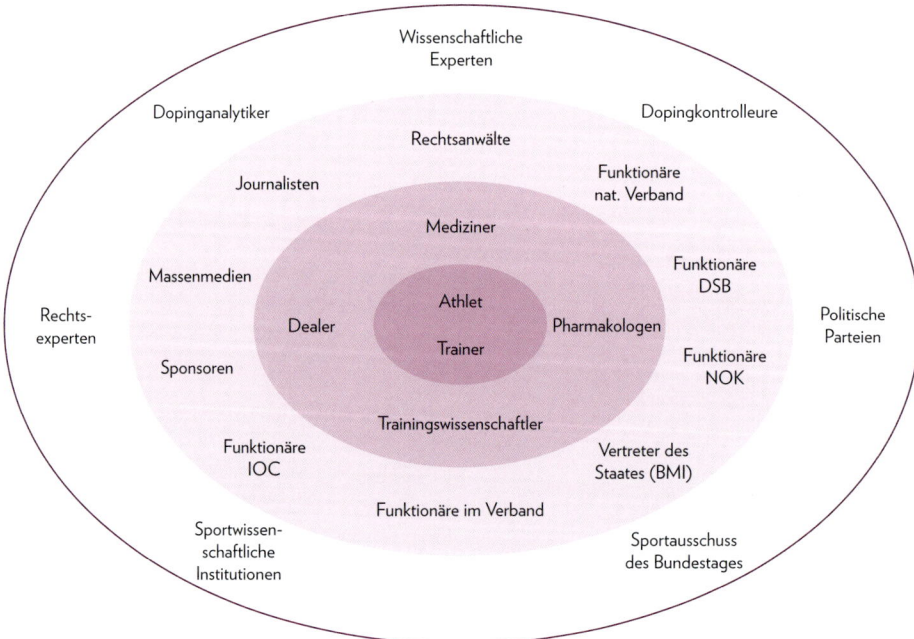

Akteure auf der Dopingbühne
(in Anlehnung an Digel 1994 – Akteure im Sport ➜ siehe Dissertation Doping im Sport)

3.7.7 Mögliche Beteiligte im System

- Trainer
- Teamkollegen
- Ärzte
- Physios
- Konkurrenten
- Ehemalige Sportler
- Ehemalige Trainer
- Pharmalobby, Doping
- Kontrolleure, Sponsoren, Berater, Sportmanager
- (Falsche) Freunde
- Eltern, Fans und Zuschauer (Vor Ort, am TV, im Internet, auf sozialen Kanälen)

3.7.8 Dopinggewinner

Bei dem System Doping mit allen möglichen genannten Playern der Abbildung Keplinger & Hafner, 2019, (vorhergehende Seite) sieht man unterschiedliche Stakeholder, die Interesse haben könnten, wenn Sportler dopen.

Stell dir folgende Fragen:

- Welche Vorteile und welcher Nutzen ergeben sich für unterschiedliche „Doping-Mitspieler"?
- Inwiefern profitiert der Zuschauer von der gedopten Sportart?
- Welche Beweggründe könnten Ärzte haben, einen Sportler beim Doping zu helfen? Und dabei ihre ethischen und moralischen Prinzipien wissentlich verletzen.
- Welche Überlegungen könnte ein Trainer haben, seinen Athleten beim Dopen zu unterstützen?
- Welche Firmen könnten vom Doping des gesponserten Athleten profitieren und warum?
- Was bringt es einem Physiotherapeuten, wenn sein Schützling wissentlich dopt?
- Welche Gedanken hat ein Sportler, wenn er seinen Teamkollegen indirekt unterstützt? Wenn er ihn nicht beim Trainer meldet?
- Können Verbände einen Vorteil haben, wenn ein Athlet dopt?
- Wie sieht es mit Nationen aus? Welche Überlegungen könnten ganze Ministerien haben, wenn ein Sportler gedopt zu einem internationalen Wettkampf fährt?
- Was könnte einen Vater dazu bewegen, seinen Schützling beim Dopen zu unterstützen?
- Welche Rolle spielen Journalisten bei einem Dopingfall? Könnten auch sie von dieser Situation profitieren?

- Inwiefern könnten auch Pharmafirmen Interesse haben, dass Sportler „Doping-Medikamente" konsumieren?
- Welche Interessen – außer Geld – verfolgen diese Stakeholder?
- Was lernen wir aus den vergangenen Doping-Missbräuchen und -Aufdeckungen?

Gibt es Konsequenzen für diese in den meisten Fällen im Hintergrund agierenden Mitwirkenden?

3.7.9 Sportpsychologische Perspektiven

Warum dopt der bis jetzt „cleane Sportler" plötzlich? Gab es möglicherweise eine Schlüsselentscheidung? Jeder weiß, dass Doping ein unerlaubtes Hilfsmittel beim Sport ist.

Schlüsselmomente beim Doping:

- Erstmaliger Moment
- Wiederholter Moment

Für viele Sportler gibt es im Laufe ihrer Sportkarriere immer wieder Entscheidungen gegen das Doping. Dennoch kann es sein, dass es genau einen einzigen Moment gibt, in dem der Entschluss zum Doping zugelassen wird.

3.7.10 Der erstmalige Moment

Ist diese Entscheidung vom Gewissen einmal angenommen, wird aufgrund möglicher dissonanter Faktoren, welche gegen das Doping sprechen, den Argumenten für das Doping mehr Platz gegeben. Die Emotionen, die du durch den Sieg erlebst und die damit verbundenen Erfahrungswerte kann dir ein Leben lang niemand mehr nehmen!

In Anlehnung an das Motivations-Psychologische Modell oder auch Rubikon-Modell genannt (Heinz Heckhausen und Peter M. Gollwitzer, 1987) kann hier eine Parallele gezogen werden. Der Name des Modells bezieht sich geschichtlich auf das Überqueren eines Flusses. Ist der Fluss einmal überquert, dann ist man auf der anderen Seite. Hat man einmal gedopt – dann führt der Sportler keinen sauberen Sport mehr aus.

Dies führt zu einem nächsten Entscheidungsprozess beim Sportler. Die einen sind sich der Grenzüberschreitung bewusst und halten in Zukunft Abstand. Die anderen nähern sich der Wiederholung an. Wiederum aus unterschiedlichen Gründen und Motiven. Ist der wiederholte Moment einmal innerlich beschlossen, wird sich mit hoher Wahrscheinlichkeit eine regelmäßige Dopingnutzung etablieren.

3.7.11 Rubikon-Modell

Vor der Entscheidungsphase	Vor der Handlungsphase	Handlungsphase	Nach der Handlungsphase
Wunsch	Konkretes Ziel	Umsetzung	Auswertung

Informationen sammeln

Rubikon: Entscheidung über Ziel

Entscheidung: Modalitäten, Taktik

Verrechnung mit Sollwert (= Intention)

Abwägen Selektion analyseorientiert	Planen realisations-orientiert	Ausführen Durchsetzung Wille	Bewerten erfahrungsorientiert
Intention: **Wünsche Befürchtungen Absichten**	Konkrete Planung der **Handlungs-durchführung**	**Realisierung des Vorhabens: Handlung**	**Ziel erreicht? Erfolg?**
Risiko – Wert Argumente Einstellungen angeborene Bedürfnisse	**Offen für Alternativen, motiviert, aber zielbewusst**	**Auf das Ziel konzentriert, kaum ablenkbar, optimistisch**	**Stolz Gewissen Reue**
Einladung: Soll ich annehmen?	**Durchführung:** Kleidung? Proviant? Verpflichtungen?	**Zusage:** Rucksack packen	**Résumé:** Erfahrung positiv/ negativ?

• Was will ich?	• Konkret	• Beharrlichkeit	• Ziel erreicht?
• Selbstmotivation	• Klar	• Abschirmung	• Erwartungen eingetroffen?
• Eigene Ziele	• Teilschritte	• Konzentration	
• Kann ich es?	• Positive Motivation	• Misserfolgsbewältigung	• Handlungen nötig?
• Habe ich die Mittel?	• Wie erreiche ich das Ziel?	• Anstrengungs-bereitschaft	• Selbstwertstärkung
• Habe ich Zeit?	• Wenn-dann-Pläne	• Positiver Affekt	
• Welche Konsequenzen?			
• Alternativen			
• Valenz			
• Risikowahl			

Quellen: www.heisetraining.at/wpblog/wp-content/uploads/2017/07/Rubikonmodell.jpg
upload.wikimedia.org/wikipedia/commons/thumb/7/77/Entscheidung_Phasen.jpg/400px-Ent-
scheidung_Phasen.jpg

3.7.12 Psyche und Doping

Folgende Fragen sollen als Gedankenanregung dienen.

- Gibt es die EINE Dopingpersönlichkeit?
- Glaubst du, dass du eine Dopingpersönlichkeit hast?
- Kennst du jemanden, der deiner Meinung nach leicht zum Doping greifen würde?
- Glaubst du, dass es berühmte Spitzensportler aus deiner Sportart gibt, die dopen?
- Wie erkennt man möglicherweise einen gedopten Sportler?
- Hat jeder Leistungssprung etwas mit Doping zu tun?
- Welche Eigenschaften bringt ein Dopingsportler mit?

Wenn du den Fragen mehr auf den Grund gehen möchtest, dann recherchiere aktuelle Beiträge aus wissenschaftlichen Studien – du wirst spannende Antworten auf die Fragen der Dopingpersönlichkeiten finden. Teile deine Ergebnisse gerne auf unserer Homepage www.worldsportmission.com und bringe deine Gedanken mit ein.

3.7.13 Einflussfaktoren „Dopingkarriere"

Folgende persönliche Faktoren können eine „Dopingkarriere" beeinflussen:

- Erhöhtes Erfolgsstreben
- Sozialer Druck
- Unsicherheit
- Schlechte Kommunikation
- Instabile Persönlichkeit
- Selbstüberschätzung
- Geringer Selbstwert
- Minderwertigkeitsgefühl
- Verzerrte Wahrnehmung
- Größenwahn
- Narzissmus
- Akzeptanz in der Peergroup
- Nicht nein sagen können
- Gefallen wollen
- Systemkonformes Verhalten
- Fehlende soziale Stütze

3.7.14 Freigabe von Doping

Aus dem Handbuch *„Sport ohne Doping! – Reflektieren, Positionieren und Bewegen"* haben wir folgende spannende Pro-Kontra-Diskussion zur Gedankenanregung und zum Perspektivenwechsel übernommen.

Könnten dadurch sogar eigene Dopingwettbewerbe entstehen?

3.7.15 Pro-Kontra-Freigabe

Argumente „pro" Freigabe	Argumente „kontra" Freigabe
Doping hat es schon immer gegeben.	Wenn es etwas schon lange gibt, ist dies kein Argument für die Fortsetzung dieser Praxis, besonders wenn sie potenziell gefährlich ist.
Jeder Mensch kann frei über seine Gesundheit verfügen, solange es nicht andere Personen tangiert: „Mein Körper gehört mir."	Die Beeinträchtigung der Gesundheit einer Person kann Auswirkungen auf die Gesellschaft haben (wer zahlt z. B. die Folgekosten?)
Es dopen sich so viele Menschen, dass eine Freigabe des Dopings nichts verändern würde.	Das Ausmaß von Doping kann nicht das Kriterium für eine Dopingfreigabe sein; der Schutz von Gesundheit, regeln und Cahncengleicheit muss berücksichtigt werden.
Doping ist längst nicht so gefährlich wie behauptet. Wenn es gefährlich wäre, gäbe es mehr Tote.	Die medizinische Fachpresse berichtet über zahlreiche Beobachtungen von schwersten Komplikationen bei der Verwendung von Dopingmitteln. Es gibt keinen Grund, vor dem Beginn einer wirksamen Prävention erst auf eine Vielzahl von Todesfällen zu warten.
Die meisten Dopingmittel sind Medikamente, im Krankheitsfall muss eine Selbstbehandlung möglich sein.	Für die Behandlung gesundheitlicher Probleme gibt es genügend alternative therapeutische Möglichkeiten.
Bei einer Freigabe des Dopings würde man besser wissen, was verwendet wird und könnte deshalb die Nutzer/innen besser schützen.	Die Möglichkeit der ärztlichen Begleitung von Dopern ist nicht mit der ärztlichen Ethik und mit bestehenden Gesetzen zu vereinbaren.
Mit einer Dopingfreigabe könnte man den Schwarzmarkt und damit den Umlauf von gefährlichen nachgemachten Substanzen „entschärfen" und das Risiko für die Nutzer/innen verringern.	Der Schwarzmarkt bringt heute soviel Profit, dass seine Kontrolle schwierig und nur noch durch den Staat zu leisten ist. Ein Beleg dafür ist die Existenz nachgemachter bzw. gefälschter Medikamente.
Die Bekämpfung von Doping ist unwirksam: Über eine Freigabe könnte der Verbrauch von Dopingmitteln besser kontrolliert werden.	Der Kampf gegen Doping und die Präventionsbemühungen wurden bisher nur mit geringem Nachdruck geführt und waren deshalb wenig wirksam.
Doping ist weit verbreitet, ohne Doping ist Chancengleichheit im Spitzensport nicht mehr gegeben.	Dopen verstößt gegen sportliche und staatliche Regeln; Doping ist kein Kavaliersdelikt, sondern kriminell.

Quelle: www.gemeinsam-gegen-doping.de/fileadmin/GGD_uebersicht/docs/dsj_broschuere_sport_ohne_doping.pdf

3.7.16 Gesundheitliche Risiken des Dopings

Folgende Auflistungen sind überblicksmäßig dargestellt. Es wäre unmöglich, alle Risiken und Nebenwirkungen zu erfassen. Grob wird in schwerwiegende Risiken auf physischer, psychischer und sozialer Ebene und den Risiken im Erscheinungsbild unterschieden.

Schwerwiegende körperliche Risiken

- Stimmbänder verändern sich (Männerstimme bildet sich bei Frauen nicht mehr zurück)
- Impotenz
- Herzinfarktgefahr steigt
- Herzrasen bzw. Panikattacken
- Veränderungen des Hormonhaushalts
- Blutvergiftungen
- Thromboserisiko
- Erhöhtes Schlaganfallrisiko
- Verfrühte Mortalitätsrate
- Leberschäden
- Tumore

Risiken im Erscheinungsbild

- Adamsapfel wächst und bildet sich nicht mehr zurück (bei Frauen)
- Akne
- Haarausfall
- Weibliche Brustbildung (bei Männern)
- Wachstumsstopp (bei Jugendlichen)

Geistige Risiken

- Verminderte Agilität/Antriebslosigkeit
- Anhaltendes vermindertes Konzentrationsvermögen
- Gesteigertes Alzheimerrisiko
- Eingeschränktes Denkvermögen
- Verminderte Empathiefähigkeit
- Erhöhtes Suchtpotential/-verhalten
- Psychischer Druck löst psychosomatische Erkrankungen aus
- Suizidalität erhöht
- Schlafstörungen führen zu fehlender Regeneration
- Depressionen

- Soziales Rückzugsverhalten/Isoliertheit
- Emotionsregulation eingeschränkt
- Verfolgungswahn

3.8 DOPINGVARIATIONEN

Amateursport: „höher, einfacher, leichter"

Hochleistungssport: „höher, schneller, weiter"

Extremsport: „intensiver, außergewöhnlicher, als Erster"

Genauso wie in der Wirtschaft gibt es auch im Sport eine sogenannte Wachstumsfalle. Wirtschaftswissenschaftler sprechen davon, dass das Wirtschaftssystem nur aufrechterhalten werden kann, wenn permanent größere Gewinne erzielt werden. Stagniert das System, selbst wenn es auf gleichem Niveau bleibt, oder sinken die Gewinne, dann kann das System einbrechen.

Im Leistungssport entsteht ein ähnlicher Eindruck. Wo liegen die Grenzen beim Menschen zum Beispiel beim Hundert-Meter-Lauf? Wie schnell kann man den Marathon bewältigen? Auf körperlicher Ebene wurden aufgrund von Trainingswissenschaft, Regenerationsmethoden sowie Ernährungswissenschaft in den letzten Jahrzehnten einige Sprünge nach oben gemacht.

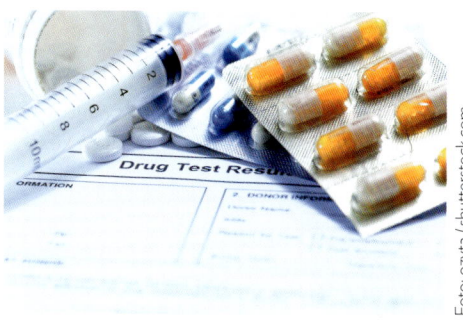

Foto: iambasic_Studio / shutterstock.com

Foto: ozyta / shutterstock.com

Mental ist der Leistungssport bei vielen Sportarten noch lange nicht dort, wo er sein könnte. In vielen Beratungsgesprächen mit Sportlern, Eltern und Trainern wird klar, dass der Bereich Sportpsychologie noch lange nicht voll ausgeschöpft wird.

Leider wird unerlaubterweise, zur Gefährdung der eigenen Person und leider auch zum Schaden von ganzen Sportarten, immer wieder Doping angewandt, um das Wachstumssystem „höher, schneller, weiter" stetig zu befeuern. Wie weit spielen Sponsoren hier eine wesentliche Rolle? Liegt es auch am Zuschauer, dass hier diese Erwartungen der jeweiligen Sportart häufig nach oben korrigiert werden?

3.8.1   Medikamente vs. Doping

Ein Beispiel einer bekannten Tennisspielerin zeigt, wie schwer es manchmal für den Sportler ist, den Sport sauber auszuführen. Nachdem die Tennisspielerin jahrelang ein Medikament eingenommen hatte, welches nicht auf der Dopingliste stand, wurde sie letztendlich doch des Dopings überführt, da dieses Medikament aufgrund einer Adaptierung auf der Dopingliste zu finden war. Sie wurde für eine gewisse Zeit gesperrt. Die Sportlerin beteuerte, dies nicht vorsätzlich getan zu haben.

Bei unterschiedlichen Sportarten besteht eine auffällig hohe Betroffenheit von Asthma und somit vom Gebrauch von Asthmasprays. Interessierte Leser mögen sich in diverse Berichterstattungen zu Bestellungen von Asthmasprays bei den Olympischen Spielen einlesen und sich eine eigene Meinung davon bilden. Natürlich ist es absolut wichtig, dass Betroffene sich medizinisch helfen. Dennoch scheint hier bei manchen Personengruppen eine „Übermedikation" vorhanden zu sein. Beispielsweise werden Schmerzmittel, Koffein und Tabakwaren gerne in großen Mengen „ge- bzw. übernommen".

Schmerzmittel

Ein wichtiges Thema ist der Schmerzmittelsektor. Bei manchen Sportarten scheint es ohne diese Schmerzmittel nicht möglich zu sein, Wettkämpfe zu bestreiten.

Was darf Sport? Was sollte Sport nicht hervorbringen?

Die Rate der Einnahme von Schmerzmitteln unmittelbar vor Marathonläufen ist mit ca. 50 Prozent erschreckend hoch. Ibuprofen und Paracetamol sind am Markt frei erhältlich. Dadurch entsteht oft der Irrglaube, dass die Medikamente, die frei käuflich sind, für die Gesundheit nicht bedenklich sind. Diese werden vor Wettkämpfen vorsorglich eingenommen, um Schmerzen entgegenzuwirken bzw. ertragbarer zu machen. Allerdings besteht bereits bei einmaliger Einnahme im Sportbereich die Gefahr, dass es unter anderem zu Ödemen kommen und sogar zum Kollaps führen kann.

Schmerz ist eine natürliche Reaktion des Körpers, eine Art Hinweis auf ein Gebrechen, auf eine Überreaktion. Regelmäßig Schmerzmittel einzunehmen, um die sportliche Höchstleistung erreichen zu können, ist ethisch sehr bedenklich.

Koffeintabletten und Tabakwaren

Viele Sportler greifen auch zu Koffeintabletten oder konsumieren Tabak (ohne Zigaretten zu rauchen). Beide Stoffe sind in der Gesellschaft akzeptiert. Sie können kurzfristig Energie hervorbringen, weil sie stimulierend wirken. Allerdings haben beide in ihrer jeweiligen Ausprägung auch einen Suchtfaktor und können bei manchen Personen auch gewisse Suchterscheinungen hervorrufen. Vor allem kann es gefährlich werden, wenn aufgrund einer sogenannten Toleranzentwicklung die Dosis stetig nach oben korrigiert werden muss. Oft werden diese Mittel jedoch verharmlost, da „das eh jeder nimmt".

3.8.2 Amateurdoping im Breitensport

Ab wann beginnt denn nun aber Doping für all jene, die nicht als Spitzensportler unterwegs sind, wie zum Beispiel:

- der motivierte Nachwuchs
- der ambitionierte Hobbysportler
- der engagierte Amateursportler
- der ehrgeiziger Fitnesssportler
- der starke Kraftsportler

Warum sollten die aufgeführten Gruppen dopen, wenn es hier nicht darum geht, Olympische Medaillen, das große Geld und Ansehen zu gewinnen? Um seinen lang-jährigen Tennispartner zu schlagen? Damit sich die zwölfjährige Fußballerin unter der großen Konkurrenz hervorspielen kann? Damit die 76-jährige Athletin auch noch den nächsten Ultramarathon bewältigen kann?

Damit die Muskeln des Kraftsportlers noch schneller wachsen?

In diesen Bereichen ist das Hauptthema weniger der Betrug am Sport, als vielmehr der Betrug an sich selbst. Es geht um das Ansehen im kleineren, aber nicht unwichti-geren Rahmen. Es geht manchmal um Selbstakzeptanz, in den meisten Fällen aber um eine Leistungssteigerung bzw. Selbstoptimierung und in Zeiten von Instagram und Co. ist der Aspekt der Selbstdarstellung nicht von der Hand zu weisen.

Was viele vernachlässigen – sie gefährden ihre Gesundheit! Der Mittel zum Zweck. Teilweise mit hohen Kosten verbunden. Ist es ohne Dopen wirklich nicht möglich? Leider ist in unserer derzeitigen Gesellschaft „Zeit gleich Geld" und vieles muss sehr schnell gehen. Warum also nicht ein wenig nachhelfen und ein paar Substanzen ein-nehmen, um sich dadurch viele Stunden Kraft oder Ausdauertraining zu ersparen?

Gerade beim Doping im Freizeitsport – unter anderem in der Bodybuildingszene – wird gerne mit Hilfe der „Legitimationsfrage" eine verzerrte Wahrnehmung eingenommen.

„Ich lebe ja eh viel gesünder und treibe mehr Sport als der Otto Normalverbraucher. Anabole Substanzen und Steroide schädigen vielleicht meine Leber, aber andere schädi-gen auch ihre Leber, wenn sie sich jedes Wochenende dem Alkohol verschreiben!"

Dabei wird ebenso in Kauf genommen, dass durch diese Substanzen der Körper stär-ker wird, als er es eigentlich aushalten kann. Gerade am Oberkörper können die sen-siblen Stellen, wie Schulter, Bizepssehne oder Rotatorenmanschette, in Mitleiden-schaft gezogen und stark verletzt werden.

Viele unterschätzen auch das Risiko der „Fälschungsquote" der unerlaubten Substan-zen, die meistens auf dem Schwarzmarkt erworben werden. In unterschiedlichen Dokumentationen zum Missbrauch anaboler Substanzen wird dargestellt, dass die Hälfte der am Schwarzmarkt käuflichen Dopingsubstanzen oft aus ganzen Wirkstoff-Cocktails, mit diversen Mischungen, Streckmitteln etc. bestehen und dadurch die

Dosierung oft viel niedriger oder höher ausfällt, was unter Umständen zu extremen Nebenwirkungen kommen kann.

Ebenso unterschätzt wird das hohe Suchtpotential, das mit der Einnahme einhergeht – nicht nur auf der körperlichen, sondern vor allem auch auf der psychischen Seite. Diese Sucht aus einem leistungsbetonten Gefühl heraus ist vor allem dann zu erkennen, wenn zum Beispiel Steroide kurzfristig abgesetzt werden, man der Muskelabnahme sprichwörtlich zusehen kann und aufgrund dieser Tatsache wiederum zu diversen Mitteln zum Muskelaufbau gegriffen wird.

Ebenso ein verzerrtes Bild zeigt sich im Vergleich mit anderen Bodybuildern bzw. dem äußeren Erscheinungsbild, das ständig über die sozialen Medien dargestellt wird. Äußerlich stark und muskelbepackt, kaum ein Gramm Fett, die Adern sind zu sehen. Im Gegenzug dazu zeigt sich die Innenperspektive nicht: Der Knorpel- und Knochenschwund, die Überstrapazierung der Muskulatur und Muskelfasern durch Wassereinlagerungen, mit der Folge schneller Muskelfaserrisse, Mini-Infarkten im Gehirn.

Darin schlummert die Gefahr in dieser Szene. Denn im Vergleich zum offensichtlichen Junkie gibt es kaum beobachtbare Horrorbilder, die abschreckend wirken könnten.

Leider liegt die Einstiegsquote für Doping im Breitensport speziell im Bereich Bodybuilding schon bei 16 bis 19 Jahren. Es gibt kaum Präventionsprogramme. Trotzdem ist es wichtig, auch über diese Thematik offen zu sprechen und zu diskutieren, da es gerade bei Jugendlichen, die sich noch in der Wachstumsphase befinden, zu massiven körperlichen, aber auch psychischen (z. B. erhöhte Aggressivität), nicht reversiblen Veränderungen und anhaltenden Problemen kommen kann.

3.8.3 Gesellschaftsdoping

Doping ist nicht nur im Spitzensport zu Hause. Auch in der Gesellschaft ist es angekommen und nicht selten anzutreffen. In manchen Bereichen ist es vermutlich schon gar nicht mehr wegzudenken.

Für Sportler gibt es Dopinggesetze. Aber was ist Doping im Alltag? Hast du dir schon öfter Kopfschmerztabletten verabreicht, um den Tag zu überstehen? Hast du manchmal einen Kaffeekonsum, der über das übliche Maß hinausgeht? Hast du aufgrund von Stimmungsschwankungen das Bedürfnis, unbedingt Schokolade konsumieren zu müssen?

Nicht nur illegale Substanzen und Handlungen könnten als Alltagsdoping durchgehen. Auch normal gebräuchliche Substanzen können einen Dopingeffekt hervorrufen. Dabei stellen sich häufig folgende Fragen:

- Wo ist die Grenze?
- Warum eine Grenze ziehen?
- Hat es negative Auswirkungen auf meine Gesundheit?
- Warum sollte ich mich dafür überhaupt interessieren?

Ähnlich wie beim Spitzensport kann es auch im Alltag zu einer Überdosierung unterschiedlicher Mittel und Substanzen kommen. Auch wenn gewisse Substanzen in einem überschaubaren Maß konsumiert werden, können sie trotzdem Langzeitschäden hervorrufen.

Tatsache ist, dass Doping auch bei den Studenten angekommen ist. Der klassische doppelte Espresso hat fast schon ausgedient, auf vielen Schreibtischen sind Energy Drinks nicht mehr wegzudenken. Einige nehmen Koffein- oder Kautabletten mit den natürlichen Muntermachern Guarana zu sich, um die Aufmerksamkeits- und Lerndauer auszuweiten. Manche gehen sogar soweit und nehmen das Medikament Ritalin zu sich, welches eigentlich verschreibungspflichtig für Kinder und Jugendliche ist. Dieser „Neuro-Enhancer" wird für die Diagnose ADHS (weitläufig bekannt als Zappelphilipp-Symptomatik) eingesetzt, um bei Erwachsenen die kognitive Leistungsfähigkeit zu verbessern und dadurch länger und effektiver lernen zu können.

Im Berufskontext „braucht" es manchmal Mittel, um innerhalb der Deadline das Projekt abschließen zu können. Die 80-Stunden-Woche ist sonst vielleicht nicht zu bewältigen. Leistung ohne Rücksicht auf Verluste? Ist das erstrebenswert?

Die Zielgruppe dieses Buches sind Sportler. Dennoch wollen wir aufzeigen, dass Doping auch außerhalb des Sports ein Thema ist und dass all jene, die mit dem erhobenen Zeigefinger auf die Sportler schauen, lernen, sich auch selbst zu reflektieren.

In diversen Berufsgruppen ist ein erschreckend hoher Konsum von Kokain, Amphetaminen (z. B. Speed) und Benzodiazepine (z. B. Valium) zu verzeichnen, die die Leistungs- und Schaffenskraft steigern, einen beruhigenden Effekt haben und somit Ängste zu lösen vermögen. Viele dieser Substanzen machen schon nach relativ kurzer Zeit abhängig. Dies ist ein Risiko, das viele dennoch eingehen, um in der Leistungsgesellschaft zu bestehen.

Wichtig bei all den „Freizeitdopern" – Körper und Geist brauchen Erholung. Wer regelmäßig aufputschende Mittel konsumiert, um seine alltäglichen Vorhaben umsetzen zu können, der nimmt dem Körper viel seiner Energien und Reserven. Die natürliche Regeneration wird dabei leider häufig vernachlässigt. Dabei sind in weiterer Folge keine Tranquilizer oder Schlaftabletten gemeint.

Nicht wenige Reisende greifen auf ein künstliches Schlafhormon zurück, um den oftmals durch viele Reisen verschobenen Tag-Nacht-Rhythmus zu regulieren. Langfristig ist das ein Raubbau am Körper und daher abzulehnen. Noch dazu, weil viele der Substanzen stark süchtig machend sind. Einmal in einem Konsumkreislauf gefangen, wird es schwierig, ohne Hilfe diesem Kreislauf wieder zu entkommen. Fälschlicherweise wird dies dann leider als Versagen interpretiert und lässt die Betroffenen manchmal noch mehr in diese Spirale fallen. Psychologische Beratung wäre hier ein möglicher Schritt.

3.8.4 „Natürliches Doping"

Gängige Methoden, um die Leistung nachhaltig zu steigern, werden von nahezu jedem Athleten bereits in jungen Jahren erlernt. Sie dienen sowohl der Leistungssteigerung als auch der Regeneration. Der Spitzensportler wird diese Methoden genau kennen. Deswegen beschreiben wir diese hier nicht ausführlicher. Alle anderen können sich – je nach persönlichem Interesse – näher mit der Thematik beschäftigen. Es zahlt sich aus. Nachfolgend wollen wir einige Beispiele nennen, die Auflistung ist natürlich unvollständig:

- Höhentraining
- Eisbad
- Sauna
- Massage
- Elektrostimulation
- Yoga
- Qigong
- Shiatsu
- Geruchsaufputscher (Minze, Aromasticks etc.)
- Ausgewogene Ernährung bzw. Ernährungsumstellung (wettkampfspezifische sowie regenerationsfördernde Ernährung etc.)

3.8.5 Technisches Doping

In vielen Sportarten hängen die sportlichen Möglichkeiten von den technischen Geräten ab, die für die Ausübung notwendig sind. Diese technischen Mittel sind üblicherweise detailliert durch ein Regelbuch bestimmt; sie sind somit für alle zugänglich und können jederzeit nachgelesen werden. Dennoch gibt es die Möglichkeit, diese Hilfsmittel unerlaubterweise derart zu manipulieren, dass sie einen Wettbewerbsvorteil darstellen können. Bei einem Radrennen wurde beispielsweise ein Fahrrad wahrgenommen, bei welchem die Pedale noch immer in Bewegung waren, obwohl der Fahrer gestürzt war und sowohl Fahrer als auch Fahrrad am Boden lagen.

Bei anderen Sportarten ist es vielleicht möglich, über ein technisches Hilfsmittel gecoacht zu werden, wie beispielsweise mithilfe eines Headsets, das unter dem Helm oder unter den Haaren getragen wird. Bei den Läufern sind es nicht selten die Laufschuhe, durch die ein Energiegewinn erzielt werden kann und dadurch auf längeren Distanzen von 20 Kilometern und mehr eine Leistungssteigerung zu verzeichnen sein kann. Im Wintersport können es spezielle Brillen sein, die bei schlechter Sicht die Wahrnehmung verbessern können und dadurch bei schnellen Entscheidungen einen wesentlichen Vorteil darstellen.

Der kreative Leser wird hier sicher noch drei oder mehr Sportarten finden, bei denen technisches bzw. elektronisches Doping bereits üblich ist, oder auch Sportarten, bei denen technisches Doping noch nicht angedacht war.

3.8.6 Mentales Doping

Das Mentaltraining wird hauptsächlich von Sportpsychologen durchgeführt. Das regelmäßige Trainieren der mentalen Fähigkeiten bildet einen wirkungsvollen Effekt beim Sportler ab. Die Anwendung unterschiedlicher mentaler Tools kann die mentale Disposition stärken und eine stetige Verbesserung der Performance gewährleisten. Eine Adaptierung der mentalen Trainingspläne erfolgt in Abhängigkeit aktueller Ereignisse, d. h. Erfolge bzw. Niederlagen, körperlich und psychische Verfassung etc. (siehe www.worldsportmission.com.).

Beispiele für mentale Trainingstechniken, die unter „legales Doping" fallen:

- Trancezustand durch Selbsthypnose
- Autogenes Training (Fantasiereise)
- Progressive Muskelrelaxation nach Jacobsen
- Biofeedback
- Neurofeedback
- Atemtechniken
- Diverse Diagnostikverfahren zum Erholungs- und Belastungsmanagement
- Visuelle, auditive Wahrnehmungsförderung
- Antizipation von Bewegungsausführungen
- Kognitive Verbesserungen
- Aufmerksamkeitslenkung
- Reflexion diverser Ereignisse

3.8.7 Dreigespann aus Körper, Geist und Seele

Der Wille versetzt bekanntlich Berge. Die richtige mentale Einstellung öffnet die Türe zu Höchstleistungen in allen Lebensbereichen, vor allem im Sport. Das Mindset, aber auch die innere Vorstellung eines Zieles, sind unglaubliche Werkzeuge. Diese zu nutzen und sie regelmäßig zu trainieren, sollte das Einmaleins eines jeden Athleten sein.

In diesem Zusammenhang möchten wir zur Verdeutlichung das Erlebnis von Ultra-Extremsportlern aufführen.

Die Läuferin läuft nicht einfach einen Halbmarathon oder einen Marathon.

Die Extremsportlerin läuft Distanzen von 100 und mehr Kilometern in der Hitze der Wüste.

Der Radfahrer durchquert bei jedem Wetter ohne intensive Schlafeinheiten innerhalb weniger Tage Amerika.

Der Schwimmer umrundet Großbritannien und bewältigt nebenbei Kämpfe mit Quallen und Kälte.

Oft merken diese Ausnahmeathleten gar nicht, dass sie sich schon lange blutig gelaufen haben, da sie so in ihrem Tun aufgehen und ihr Ziel vor Augen halten.

3.8.8 Doping von Tieren

Ebenso wie beim Menschen können auch Tiere zur Steigerung oder Minderung ihrer Leistung (negativ Doping) gebracht werden, indem ihnen verbotene Substanzen zugeführt werden.

Im Hundesport kommt es immer wieder zum Missbrauch von Substanzmitteln, was den Tieren leider schaden kann.

Noch relevanter sind aber Dopingfälle im Pferdesport, weil es durch die Gefährdung der Tiere auch indirekt zu einer Gefährdung für den Menschen kommen kann. Hierbei unterscheidet man drei verschiedene Beeinflussungsbereiche:

Schmerzmittel, um in erster Linie Schmerzen zu lindern bzw. um Verletzungen oder Lahmheit des Pferdes für die Dauer des Wettkampfs zu mindern bzw. zu verschleiern.

Substanzen zur Leistungssteigerung, die das Pferd über seine Belastungsgrenzen bringen kann.

Leistungsbeeinträchtigende Substanzen, welche den Pferden heimlich von Dritten verabreicht werden. Im weiteren Wettkampfverlauf kann diese Substanz z. B. die Wahrnehmung des Pferdes so stark beeinflussen, dass dies sowohl Pferd als auch Reiter gefährdet, aber auch ebenso das Wettkampfverhalten des Pferdes negativ beeinflussen und als Manipulation des Wettkampfs gesehen werden kann.

Grundlage für die Anti-Doping-Bestimmungen bildet das Tierschutzgesetz ab. Genau wie beim Menschen auch, werden Dopingkontrollen von der WADA oder den nationalen Doping-Organisationen durchgeführt.

> *„Wo Geld ist, wird gedopt ... eigentlich ist es sinnlos, gegen diese Tatsache anzukämpfen. Manchmal frage ich mich, ob es nicht besser wäre, Doping in irgendeiner Form zu erlauben, so knallhart sich das auch anhören mag. Dann würde sich zumindest niemand mehr darüber aufregen."* (Robert Harting, Weltmeister 2009 im Diskuswerfen)
>
> **Quelle:** Welt online, 4.8.2009, http://www.welt.de/sport/artic-le4255796/Robert-Harting-spricht-von-Doping-Freigabe.html

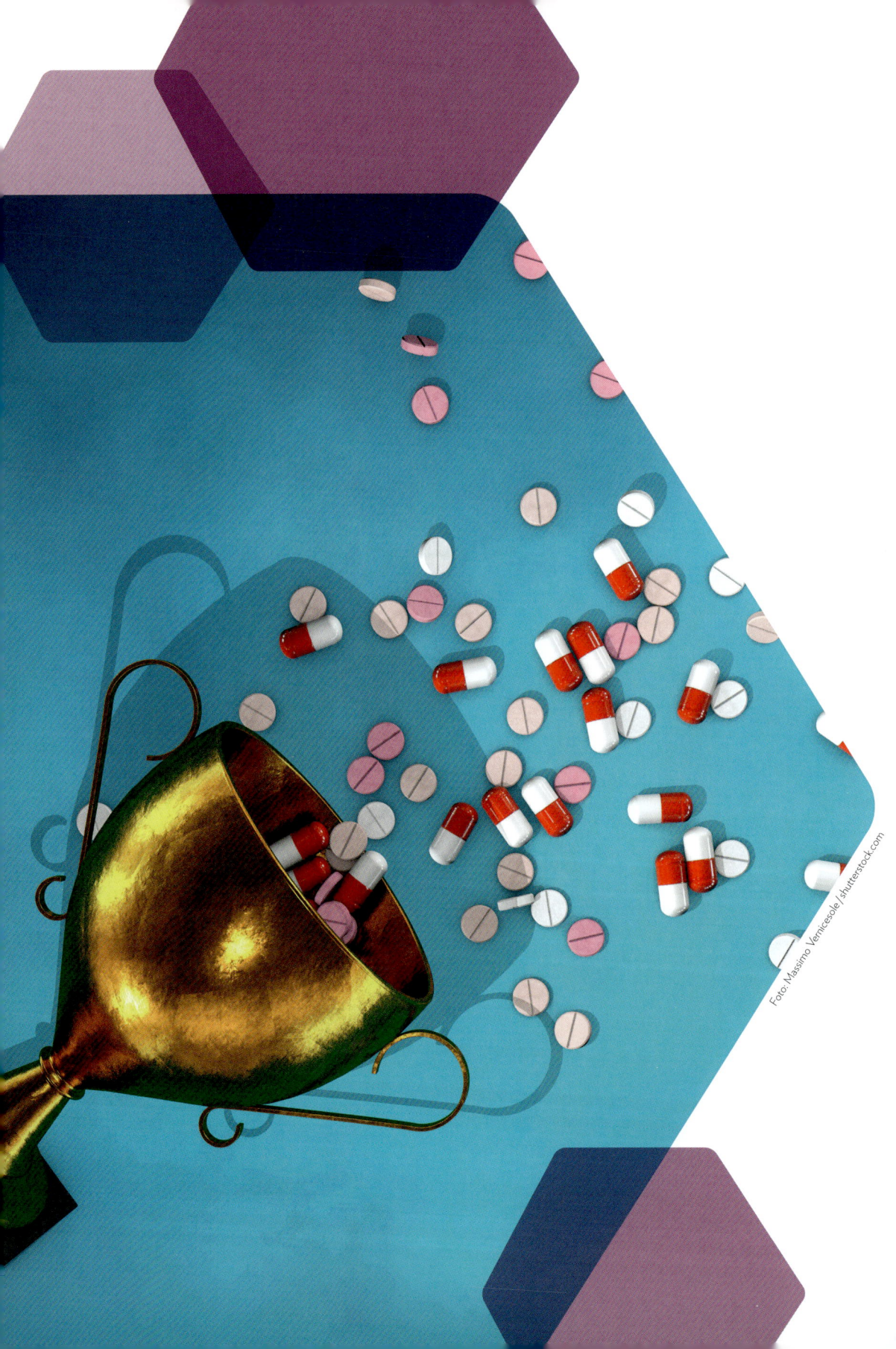

Dopingkreislauf

> **„Denn längst weiß im Sport jeder halbwegs informierte Doper,
> wie leicht Tests zu umgehen sind."** (Thomas Kistner)
> *Gesamtzitat auf S. 85*

Im Laufe einer Sportlerkarriere kann es zu einem oder mehreren Dopingvorfällen bzw. Fehltritten kommen. In diesem Buch soll niemand vorverurteilt werden. Wenn es zu so einer Situation kommen sollte, ist es unabdingbar, einen klaren Kopf zu bewahren und auf eine Handlungsstrategie zurückgreifen zu können. Was unter anderem getan werden kann, liest du im folgendem Abschnitt.

4.1 WAS WEISST DU ÜBER DOPING?

Folgende Fragen sollen zum Rätselraten und Nachdenken anregen. Gehe die Fragen aufmerksam durch und versuche, die Antworten schlüssig zu argumentieren.

In welcher Disziplin hat man noch nie Dopingsünder erwischt?

A: Fußball

B: Tennis

C: Golf

Wem traust du Doping am ehesten zu?

A: Männern

B: Frauen

In welcher Altersgruppe wird (mehr) gedopt?

A: Junge Athleten zwischen 18 und 20 Jahren

B: Reife Athleten ab 30 Jahren

Wer bringt den Athleten eher zum Doping?

A: Trainer

B: Ärzte

In welchem Jahrzehnt wurde am meisten gedopt?

A: 80er-Jahre

B: 90er- Jahre

C: 2000er-Jahre

D: 2010er-Jahre

In welcher Sportart wird häufiger gedopt?

A: Fußball

B: Basketball

In welcher Gruppe wird häufiger gedopt?

A: Hobbysport

B: Leistungssport

Welche Olympischen Spiele sind stärker betroffen?

A: Olympische Sommerspiele

B: Olympische Winterspiele

In welchem Bereich wird häufiger gedopt?

A: Einzelsport

B: Mannschaftssport

Wie viel Prozent im Profisportbereich haben schon einmal gedopt?

A: 10 %

B: 30 %

C: 50 %

Liebend gerne würden wir hier stichhaltige Zahlen, Daten und Fakten zur Rätselauflösung liefern. Allein die qualitativ hochwertigen Studien und Untersuchungen dazu fehlen. Es ist uns bei unseren Recherchen leider nicht gelungen, international schlüssige Ergebnisse zu sammeln und hier seriös wiederzugeben. Daher können wir auch keine signifikante Ergebnisdarstellung dieser Fragen abbilden.

Möglich ist allerdings, dass du dich bei den Antworten auf Stereotype gestützt hast, die du mehr oder weniger aufgrund ungenauer Daten und deiner persönlichen Erfahrungen zurückführen und stützen kannst. Hinterfrage deine Antworten daher nach Belieben, und stell das Rätsel auch Personen in deinem Umfeld. Sei gespannt, wie diese aus deren Sichtweise antworten und diskutiere, wenn erwünscht.

Wir empfehlen hier eine groß angelegte Studie. Wenn du dich einbringen möchtest, kannst du unser Wirken gerne auf unserer Homepage unterstützen: www.worldsportmission.com.

Foto: jannoon028 / shutterstock.com

4.2 DAS DRUGS-MODELL

Als Sportler kann es natürlich immer wieder auch zu Situationen kommen, dass man Medikamente einnehmen muss. Sei es aufgrund von Erkrankungen oder Verletzungen. Falls du nun auf Anraten eines Arztes aus diesen gesundheitlichen Gründen ein Medikament einnehmen musst, hilft dir der von uns konzipierte folgende Fünf-Punkte-Doping-Aktionsplan:

D ... **D**octor
R ... **R**esult information (inform coach)
U ... **U**sability (easy information about the result.
　　　Use a copy, or a photo on your cell phone)
G ... **G**et the information from the doping list to be secure, check frequently
S ... **S**afe

Doctor

Befund erstellen lassen bzw. nochmalige Absicherung beim Sportarzt.

Result Information

Resultate der Untersuchung an den Trainer weiterleiten bzw. diesen informieren (auch über die Dauer etc.).

Usability

Die Information des Arztes möglichst zugänglich (digital und gedruckt) und somit benutzerfreundlich im Sinne einer einfachen und schnellen Abwicklung zur Verfügung stellen.

Get it

Persönliche Kontrolle des Medikaments auf der Dopingliste (je nach Dauer der Einnahme; in unregelmäßigen Zeitabständen erneuter Check bzw. mit aktueller Liste abgleichen).

Safe

Bei Dopingkontrolle: Schon vorab auf Medikamenteneinnahme hinweisen und ggf. Befund bzw. E-Mail vorzeigen. Das Gefühl der Sicherheit überwiegt somit bei jeder Kontrolle.

4.3 WAS TUN NACH DEM DOPING?

Im Folgenden werden zwei mögliche und wichtige Aspekte beschrieben, die als Hilfestellung für den gedopten Athleten dienen können.

4.3.1 Dopingkreislauf

Es gibt diverse Möglichkeiten und Situationen zu dopen. Im dargestellten Entscheidungsbaum wird klar ersichtlich, welche Gedanken auftauchen und welche möglichen weiteren Schritte gesetzt werden könnten.

Möglichkeit 1

Wettkampf gewinnen – sich feiern lassen – das ewige schlechte Gewissen mit sich herumtragen und damit leben müssen? (Wann werde ich erwischt?)

Möglichkeit 2

Wettkampf gewinnen – sich feiern lassen – sich keiner Schuld bewusst sein, weil es eh jeder tut? Irgendwie muss man die „Waffengleichheit" herstellen!

Möglichkeit 3

Wettkampf nicht gewinnen, weil es Bessere gab – beim nächsten WK auf besseres „Material" zurückgreifen. Sich keiner Schuld bewusst sein … oder doch?

Möglichkeit 4

Wettkampf nicht gewinnen – Schuld bei sich suchen, weil das Doping ja gut war, ich es aber nicht geschafft habe, mein Potential zu erhöhen.

ERGO … ich dope nicht mehr … oder wenn dies nicht zutrifft, auf Möglichkeit 3 zurückgreifen.

4.3.2 Dopingstopp

Was empfiehlt die Sportpsychologie?

Aus sportpsychologischer Sicht gilt es Ruhe zu bewahren und ein Gespräch sowohl zu einer vertrauten Person als auch ein Beratungsgespräch bei einem Sportpsychologen aufzusuchen.

Schritt 1: Ruhe bewahren.

Schritt 2: Gespräch zu vertrauter Person suchen.

Schritt 3: Beratungsgespräch bei Sportpsychologen (zeichnet sich durch Neutralität und Schweigepflicht aus) suchen, um zu reflektieren.

Diagramm Weg 1

Der Athlet sucht Hilfe in Bezug zur Dopingsituation.

Er gesteht sich ein und ist sich bewusst, dass er sich „einen Fehltritt" geleistet hat.

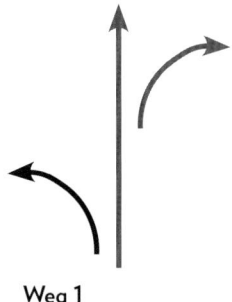

Weg 1

Oder

Diagramm Weg 2

Der Athlet bereut die Dopingsituation nicht, da es zweckmäßig war, möchte es aber nicht mehr tun.

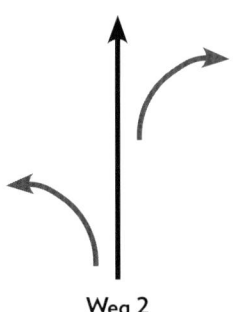

Weg 2

Oder

Diagramm Weg 3

Der Athlet bereut die Dopingsituation nicht, möchte auch weiterhin dopen. Er will die Situation lediglich besprechen.

Mit diesen Wegen ist die Situation aber noch nicht im Detail erklärt. Du als Leser kannst dir noch weitere Wege und Schritte überlegen, wie jemand weiter vorgehen könnte.

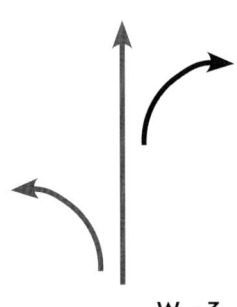

Weg 3

4.3.3 Sportpsychologische Intervention

1. Reflexion der Situation (allgemein).
2. Stärkung des Selbstwerts und Eigenverantwortung des Athleten.
3. Unterstützung bei der Entscheidung möglicher Schritte zur Offenlegung des Dopings.
4. Begleitung der weiteren Vorgehensweise (Gespräch mit dem Trainer, öffentliche Darstellung, Information des Sportlerbetreuungsumfelds etc.).

4.4 DOPINGLEITFADEN NACH KEPLINGER UND HAFNER

Doping ist ganz klar abzulehnen. Wir wollen in der Prävention bleiben, aber es gibt bereits Sportler, die mit Doping konfrontiert wurden, sich gestellt haben, auf freier Tat ertappt oder „verpfiffen" wurden.

Dieser Sieben-Punkte-Plan nach Keplinger und Hafner (2019) kann als Hilfestellung dienen, um die Situation nach der Offenlegung des Dopings besser meistern zu können.

1. Laufende sportpsychologische Betreuung (Reflexion, Vorbeugung).
2. Vermeidung von Kontaktpersonen bzw. „Gefährdern".
3. Definieren von potentiellen „Doping-Gefahren-Situationen".
4. Gegenstrategien/Alternativen gedanklich entwickeln.
5. Vereinbarung, dopingfrei zu bleiben, mit sich selbst schriftlich definieren und unterschreiben (siehe Anhang).
6. Offenes und aktives Aussprechen gegen Doping (im Team/Öffentlichkeit).
7. Adaptierte sportliche Ziele sowie Lebensziele setzen.

4.5 DAS LEBEN DANACH

Es ist Zeit, die Perspektive zu wechseln. Verdient jeder eine 2. Chance?

Stell dir vor, du warst unglaublich neugierig, was eine gewisse verbotene Substanz mit dir macht und welchen sportlichen Leistungsschub du davon erhältst. Und du hast es letztendlich getan.

Szenario 1

Du hast den Rubikon überschritten und hast gedopt, wurdest jedoch nicht kontrolliert. Schon nach kurzer Zeit bereust du die Situation, dir wird klar, dass deine Entscheidung falsch war und du am liebsten alles wieder ungeschehen machen möchtest. Die Angst steckt dir im Nacken. Welche Gedanken, Fragen, Ängste, Sorgen, gehen dir durch den Kopf? Was wären deine nächsten Schritte?

Notiere deine Gedanken

....

....

....

....

Szenario 2

Wie unter Szenario 1 beschrieben, allerdings musstest du nach dem Sportevent zur Dopingkontrolle. Geschockt durch die Situation hast du angegeben, nicht gedopt zu haben. Das Ergebnis des Dopingtests folgt in einer Woche. Welche Gedanken, Fragen, Ängste, Sorgen, gehen dir durch den Kopf? Was wären deine nächsten Schritte?

Notiere deine Gedanken

....

....

....

....

Vertiefende Fragen, die sich ergeben können:

- Was werden meine Eltern von mir denken?
- Was wird mein Trainer von mir denken?
- Was wird mein Partner von mir denken?
- Was wird mein Team von mir denken?
- Soll ich eine Selbstanzeige machen?
- Muss ich jetzt vor Gericht?
- Wie viel Geld kostet das mögliche Verfahren?
- Muss ich ins Gefängnis?
- Kann ich meinen Sport überhaupt noch ausüben?
- Wie soll es jetzt weitergehen?
- Wie lange werde ich gesperrt sein?
- Mache ich mit dem Doping weiter, wenn der Test nicht anschlägt?
- Werde ich mein Leben lang als Dopingsünder gesehen?
- Was soll ich bei einem Fernsehinterview sagen?
- Schade ich damit dem Image meiner Sportart?
- Muss ich meine vertraute Dopingquelle verraten?
- Welche Konsequenzen hat dies für meine Familie?
- Hätte ich der Dopingkontrolle entfliehen können?
- Soll ich nun meinen Kollegen ausliefern?
- ....
- ....

Nimm dir für jede Frage zwei Minuten Zeit, wenn du ein imaginäres „Dopinggefühl" erleben möchtest. Versetze dich, wie beim mentalen Training, mit allen Sinnen in diese missliche Lage, mach dir dieses Gefühl zunutze, um dich zukünftig vor Doping zu schützen.

„Denn längst weiß im Sport jeder halbwegs informierte Doper, wie leicht Tests zu umgehen sind: Immer mehr Stoffe sind im Labor nicht zu erkennen, bei anderen ist das Zeitfenster der Nachweisbarkeit zu klein, überdies gibt es Maskierungsmittel zuhauf. Da braucht es, wie beim Alkoholtest, Grenzwerte und starke Indizien." (Thomas Kistner, Sportjournalist Süddeutsche Zeitung)

Quelle: 11.3.2010, http://www.sueddeutsche.de/sport/dopingforscher-im-fall-pechstein-auf-skeptischer-distanz-1.4105).

Foto: Natalya_Llys / shutterstock.com

Sportmacht

5

5.1 MACHTSYSTEM LEISTUNGSSPORT

5.1.1 Was ist Macht?

Sucht man im Internet nach dem Begriff Macht, erhält man 469 verschiedene Synonyme, eingeteilt in 27 Gruppen. Unter anderem springen Begriffe wie Kontrolle, Stärke, Autorität, Kommando, Anerkennung und Durchsetzungskraft ins Auge.

„Macht wird in der Regel definiert als die Fähigkeit, eine oder mehrere Personen zu einem bestimmten Denken und/oder Verhalten zu führen."
(Lexikon der Psychologie/Max Weber)

Macht lässt sich als dynamischer Prozess auf Beziehungsebene erkennen. Beim Wechselspiel zwischen zwei oder mehreren Personen, die mehr oder weniger freiwillig miteinander agieren.

Hier ergeben sich einige Fragen zur Machtdynamik in Sportsystemen:

- Wie freiwillig ist freiwillig im Sport eigentlich?
- Wie austauschbar wäre ich, wenn ich nicht dieses und jenes mache?
- Wer verführt im Sport zu bestimmtem Denken und Verhalten?
- Was passiert, wenn ich mich diesem systemischen Denken oder diesen Verhaltensweisen nicht anpasse?
- Vitamin B (Beziehung) und Vitamin P (Protektion) – welche Rolle spielen diese beiden Begriffe, um ein Machtsystem am Leben zu erhalten?
- Was sind die Gefahren eines Sportsystems bzw. wer profitiert am meisten von den verschiedenen Interessensvertretungen und von welchen Entscheidungen?
- Haben Einzelne überhaupt ein Interesse, über Macht, ihren Missbrauch und über Doping etc. zu sprechen, geschweige denn, etwas zum Besseren zu ändern?
- Welchen Einfluss auf die Mächtigen haben Gesellschaft und Zuschauer? Wie entstehen Sportidole, wie werden sie vermarktet oder beeinflusst?
- Bei der Vergabe von Olympischen Spielen und Weltmeisterschaften war in der Vergangenheit immer mehr der Einflussfaktor Politik zu erkennen. Wie lässt sich das erklären?

- Warum werden Machtpositionen, vermeintliche Spitzenpositionen im Sport, nicht nach einigen Jahren Amtszeit gewechselt?
- Welchen Einfluss haben Sponsoren?
- Wird der Athlet im System Sport in die Rolle eines Sündenbocks gedrängt?

5.1.2   Machtdimensionen

In einem sehr empfehlenswerten Artikel von Prof. Dr. med. Volker Faust lassen sich verschiedene Formen von Macht und Machtmissbrauch aus psychologischer Sicht erkennen. Macht stellt die Summe aller Einflussmöglichkeiten in politischer, wirtschaftlicher und sozialer Hinsicht dar, bietet aber auch die Möglichkeit, im gesellschaftlich-sozialen Gefüge eigene Gedanken, eigene Verhaltensweisen, eigene Ideen durchzusetzen, auf die Gefahr hin, auf Widerstand zu treffen.

Quelle: http://www.psychosoziale-gesundheit.net/psychohygiene/pdf/faust3_macht.pdf.

Neben den soeben beschriebenen Formen der Macht spricht Prof. Faust noch von weiteren Gesetzen bzw. Grundlagen von Macht:

- Physische Überlegenheit
- Psychische Überlegenheit
- Wissensvorsprung
- Höhere Organisationsfähigkeit
- Ausnutzen von Herrschaftsstrukturen
- Angst bei den Unterworfenen

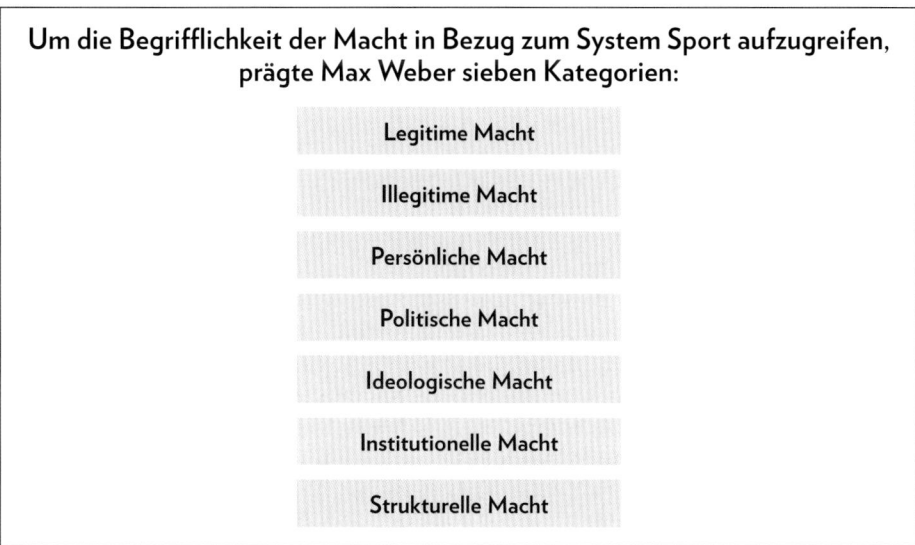

Um die Begrifflichkeit der Macht in Bezug zum System Sport aufzugreifen, prägte Max Weber sieben Kategorien:

Legitime Macht

Illegitime Macht

Persönliche Macht

Politische Macht

Ideologische Macht

Institutionelle Macht

Strukturelle Macht

5.1.3 Legitime Macht

In Interaktion und auf der sozialen Beziehungsebene wird die legitime Macht anerkannt, obwohl sie mit Herrschaft, einem System aus Befehlen, Willensdurchsetzung und Gehorsam einhergeht.

5.1.4 Illegitime Macht

Diese Macht wird in Interaktion und im sozialen Beziehungsgeflecht nicht anerkannt, somit wird der Wille des Mächtigen mit Gewalt oder sonstigem Einfluss durchgesetzt.

5.1.5 Persönliche Macht

Vorteile von Machtpersonen ergeben sich oft aus einem Wissensvorsprung. Durch diesen Expertenstatus fällt es leichter, andere argumentativ zu beeinflussen und somit persönlich die Macht aufrechtzuerhalten.

5.1.6 Politische Macht (geht oft mit Erpressung einher)

Der Mächtige stellt Forderungen aufgrund von Ressourcen-Überschuss gegenüber einem Benachteiligten oder der Mächtige hat eine höhere Position inne (Team, Verein, Verband) und kann somit Druck nach unten ausüben.

5.1.7 Ideologische Macht

Was andere denken, das „richtige Denken", bestimmt der Machthaber: ohne Wenn und Aber (wird häufig in totalitären Systemen als Kommunikationsmittel genutzt). Durch die Macht über die Gedanken lässt sich der Wille noch besser durchsetzen, gleichzeitig lassen sich Ideen realisieren.

5.1.8 Institutionelle Macht

Die Unterwerfung der Beteiligten erfolgt auf „freiwilliger" Basis durch die Anerkennung der Autorität, die gerechtfertigt Macht ausübt.

5.1.9 Strukturelle Macht

Ausgehend von Abhängigkeiten im sozialen Kontext und hierarchischen Strukturen: Gehöre ich dazu? Oder gehöre ich nicht dazu? Wenn ich von jemandem abhängig bin, hat diese Person die Macht über mich.

Um die oben beschriebenen Punkte etwas verständlicher zu machen, ergänzend folgende Beispiele:

Ähnlich wie in großen Unternehmen geht von der Führungsebene ein gewisser Erfolgs- bzw. Erwartungsdruck aus. Dieser wird sowohl auf individueller als auch auf Mitarbeiterebene weitergegeben, kann aber auch durch finanziellen Druck beim Einzelnen erlebt werden. In Sportsystemen kann es zu analogen Situationen führen, wenn Funktionäre und Geldgeber gewisse Erwartungen vermitteln. Ebenso ist im Sport der Faktor des Gesellschaftsdrucks zu erkennen.

Ein weiterer Zugang kann sein, dass demokratisch gewählte Vertreter in Sportgremien manchmal über einen längeren Zeitraum – bewusst oder unbewusst – vielleicht auch aufgrund ihrer Persönlichkeitsstruktur, mehr und mehr zu autoritären Zügen neigen. Scheinbar wird diesen Personen und ihren Machtansprüchen kaum entgegengewirkt. Es stellt sich eine Verfestigung der Situation ein. Gewisse Positionen werden dadurch oft jahrelang nicht hinterfragt oder auch kaum kritisiert.

Ungerechtfertigte Zuteilung von Spitzenpositionen werden aufgrund der oben genannten Punkte mitunter langjährig besetzt. Inwiefern diese Personen eine gewisse Expertise mitbringen, steht manchmal nicht zur Debatte.

Ein Expertenstatus wird aufgrund der Position automatisch zugesprochen. Dadurch kann es dazu kommen, dass in Systemen viele Entwicklungsmöglichkeiten und Potentiale genommen werden, um Dinge zu hinterfragen, eventuell sogar von Grund auf neu zu entwickeln, zu modernisieren oder seit Jahren Verschwiegenes aufzudecken.

Inwieweit diese Machtaspekte in Systemen greifen oder nicht, und vielleicht auch bewusst genutzt werden, ist von Fall zu Fall verschieden. Eine zu schnelle Vorverurteilung von außen auf ein System oder auf gewisse Funktionäre, ohne einen tieferen Einblick zu haben, wäre nicht gerechtfertigt.

In den Recherchen sind wir auf weitere interessante Artikel zum Thema Macht im Sport gestoßen. Hier ist vor allem der Artikel von Peter Filzmaier „*Der Sport und seine politische Instrumentalisierung*" (**Quelle:** https://www.bmnt.gv.at/land/laendl_entwicklung/zukunftsraum_land_masterplan/Online-Fachzeitschrift-Laendlicher-Raum/archiv/2004/Filzmaier.html), als auch die Zusammenfassung des Artikels von Mira Liepold „*Sport als gesellschaftspolitischer Machtfaktor*" sehr zu empfehlen (**Quelle:** http://momentum-kongress.org/cms/uploads/ABSTRACT_Liepold_Sport-als-gesellschaftspolitischer-Machtfaktor.pdf).

Nicht minder lesenswert ist der Bericht von Otmar Weiß „Fair-Play versus Doping im Sport" (**Quelle:** Menschenrechtsethos im Sport- Wissenschaftliche Enquete zu Fragen der Sportethik, Bernhard Maier (Hrsg.), Verlag Brüder Hollinek 2012).

5.1.10 Die Macht durch Medien

Welche Verantwortung haben die Medien in Bezug auf Doping bzw. systematisches Doping? Welches Bild wird durch die Berichterstattung gezeigt? Wo ist eine verzerrte Wahrnehmung der Berichterstattung zu erkennen? Welchen gesellschaftspolitischen Einfluss haben Medien auf die Wahrnehmung von Sportlern und das System Sport? Warum ermöglichen diverse Berichterstattungen keine langfristigen Veränderungen im Sportdoping?

Foto: Photo Kozyr / shutterstock.com

Mach dir exemplarisch selbst ein Bild, wie Berichterstattung aussehen kann. Lies dazu folgenden Artikel:

Erschreckend hohe Doping-Dunkelziffer im Spitzensport
(Artikel: 30. August 2017, 11:37, salzburg24.at)

Wissenschaftler der Universität Tübingen und der Harvard Medical School haben nach langem, juristischem Streit eine Dopingstudie mit erschreckenden Zahlen veröffentlicht. Der Untersuchung zufolge gaben 30 Prozent der mehr als 2.000 befragten Leichtathletik-WM-Teilnehmer von 2011 an, im Vorfeld Dopingmittel genommen zu haben. Bei Dopingkontrollen waren aber nur 0,5 Prozent der Tests positiv.

Außerdem gaben 45 Prozent der ebenfalls unter Wahrung ihrer Anonymität gefragten Sportler bei den Pan-Arabischen-Spielen 2011 Doping zu. Bei dieser Großveranstaltung fielen 3,6 Prozent der offiziellen Dopingproben positiv aus.

WADA verweigerte die Veröffentlichung

Die Studie hatte die Welt-Anti-Doping-Agentur (WADA) in Auftrag gegeben. Allerdings verweigerten die WADA und der Leichtathletik-Weltverband (IAAF) jahrelang die Zustimmung für eine Veröffentlichung. Bereits 2015 waren schon Einzelheiten der Untersuchung in den USA und im Zusammenhang mit dem systematischen Doping in Russland bekannt geworden. Bis 2015 war Lamine Diack Präsident der IAAF. Die französische Justiz ermittelt gegen den Senegalesen unter anderem wegen mutmaßlicher Vertuschung von Doping gegen Geld.

2.167 Sportler befragt

Die Ergebnisse der repräsentativen Studie „Doping in Two Elite Athletics Competitions Assessed by Randomized-Response Surveys" wurden nun aber doch in der Zeitschrift „Sports Medicine" veröffentlicht. Die Wissenschaftler hatten bei der Leichtathletik-WM und bei den Pan-Arabischen-Spielen 2.167 Teilnehmer befragt, ob sie vor den Wettkämpfen gedopt hätten. Insgesamt starteten bei beiden Veranstaltungen 5.187 Sportler.

„Die Studie macht deutlich, dass durch biologische Tests von Blut- und Urinproben bei weitem nicht alle Dopingfälle aufgedeckt werden", erklärte Harrison Pope von der Harvard Medical School in den USA. „Wie in der Publikation beschrieben, liegt das vermutlich daran, dass die Athleten zahlreiche Wege gefunden haben, bei Tests nicht aufzufallen."

5.1.11 Prävention statt Sensation

Die Medien haben eine unglaubliche Wirkung. Sie haben die Aufgabe, zu informieren. Gewisse Medien wollen manchmal aber auch einfach nur eine Story. Durch die Inhalte in diesem Buch soll vor allem auch klar werden, dass Medien auch in der Verantwortung stehen, nicht nur die Doping-Sensation zu betiteln, sondern vor allem in der Prävention den sauberen Sport zu unterstützen.

5.1.12 Sportethik

Sportethik wird als Teildisziplin der Ethik im Sport gesehen. Gehen wir zum einfacheren Verständnis zuerst auf die Definition von Ethik ein. Unter Ethik „wird die *Lehre vom sittlichen Wollen und Handeln des Menschen in verschiedenen Lebenssituationen beschrieben*" und beschäftigt sich mit „*allgemein gültigen Normen und Maximen der Lebensführung, die sich aus der Verantwortung gegenüber anderen herleiten.*" (Duden, 2001, S. 282 f.).

Noch treffender bringt es Maier (2000, S. 11) auf den Punkt:

„Ethik (Moralphilosophie) ist die philosophisch-wissenschaftliche Disziplin vom guten Handeln des Menschen: bonum faciendum, malum vitandum est – Gutes ist zu tun, Böses ist zu unterlassen. Das Gewissen stellt den Menschen vor diese Forderung."

Ethik verfolgt das Ziel, moralisch und verantwortungsbewusst zu handeln. Im Sportsystem kommt die Sportethik als Unterpunkt zum Tragen, welche die „*moralischen*

Bedingungen eines humanen Sports zu sichern, als höchstes Gut ansieht." (Haug, 2006, Doping. Dilemma des Leitungssports, S. 46).

In der Sportethik sind laut Claudia Pawlenka (**Quelle:** http://www.information-philosophie.de/?a=1&t=2911&n=2&y=1&c=76) drei wichtige Aspekte zu erkennen:

- Individuelle Aspekte (Anmerkung der Autoren: Im Artikel wird nicht näher darauf eingegangen, wird gemeinsam mit ethischen Aspekten erklärt)
- Ethische Aspekte
- Sportler, Trainer etc., also die Akteure des Sports, setzen sich mit dem moralisch richtigen und verantwortungsbewussten Handeln auseinander (Regeln, Fairness etc.).
- Sozial-ethische Aspekte
- Hier steht die Institution im Vordergrund, in der über Probleme und Herausforderungen des Sports diskutiert wird und neue Strukturen aus Sport und Wissenschaft geschaffen werden, um zusätzlich den gesellschaftlich, globalen Zusammenhang des Sports zu diskutieren.

Wichtigste Themengebiete der Sportethik sind:

Doping

Fairness

Gerechtigkeit

Regeln

Normen

Verantwortung

5.2 AUFKLÄRUNGSARBEIT DOPING

- Verpflichtende Supervision durch ausgebildete Sportpsychologen für Trainer und Athleten (zwei- bis dreimal pro Halbjahr).
- Fortbildungen, Supervision als Verpflichtung für alle ansetzen (Ethik, Moral in den Vordergrund stellen).
- Ehemalige Doper bzw. Überführte mehr in den Aufklärungsprozess integrieren.

Diese Personen können am besten als Rollenmodell agieren und die damit verbundenen Emotionen und Gedanken aufzeigen und widerspiegeln (z. B. Hadern mit der Situation: Wahrnehmen innerer Stimmen, Gefühl von innerem Widerstand, Reinterpretation und erneutes Abwägen der Situation, Erleben von Ängsten und Sorgen etc.).

5.3 SPORT – DOPING – WETTEN

Ein wesentlicher Bereich, der mit dem Sport eng in Verbindung steht, sind die Sportwetten. Heutzutage gibt es unterschiedlichste Anbieter. Sowohl online als auch am Smartphone, Möglichkeiten gibt es genug. Die Wettanbieter ignorieren dabei teilweise die persönlichen Grenzen. Beispielsweise werden Wetten für den Politikbereich abgeschlossen. Wer gewinnt welche Wahlen? Wie hoch? Mit wie viel Prozent werden diese oder jene Politiker gewinnen? Im Sport gibt es Detailwetten: Wer gewinnt den nächsten Punkt? Wer schießt das nächst Tor? Wer hat den größten Vorsprung?

Es wäre verwerflich, wenn es künftig Sportwetten geben würde, bei denen man darauf setzt, ob ein Sportler oder ein Teil der Mannschaft gedopt ist. In weiterer Folge würde man dann auch gleich auf die Art des Dopings setzen können oder wann die Dopingagenturen den Athleten des Dopings überführen.

Leider würde diese neue Liga der Sportwetten wahrscheinlich sogar großen Zulauf finden. Ob es dann dem Kampf gegen Doping hilfreich sein könnte, lässt sich aus heutiger Sicht noch nicht einschätzen.

„**Als System ist der Sport mausetot**. Die Leute wollen Brot und Spiele, die WADA schläft den Schlaf der Gerechten, Frau Merkel (Anmerkung der Verfasser dieser Broschüre: die deutsche Bundeskanzlerin) schätzt es über die Maßen, über den grünen Rasen zu stürmen, wenn das Spiel der deutschen Fußball-Nationalmannschaft aus ist, es gibt jede Menge neues Doping, das die Labore nie auf den Tisch kriegen, und eine lange Interessenkette, die viel Kohle verdient. Mit dem Spiel ist es aus." (Ines Geipel, Olympiasiegerin1988, über 4 × 100 m). Ines Geipel hat die Streichung ihrer Ergebnisse verlangt, da sie damals gedopt war.

Quelle: Die Presse, Print-Ausgabe 31.10.2010

Bonus

6

6

6.1 WARUM ZAHLT SICH LEISTUNGSSPORT AUS?

- Erlernen von Selbstdisziplin
- Knüpfen lebenslanger intensiver Freundschaften
- Gesteigerter Selbstwert und gesteigertes Selbstbewusstsein
- Erfahren intensiver Erlebnisse
- Bereisen neuer Länder und Kulturen
- Erlernen des Umgangs mit dem eigenen Körper
- Erlernen von mentaler Stärke
- Erleben psychischer und physischer Grenzerfahrungen (Was bin ich imstande zu leisten?)
- Erlernen von Entspannungs- und Regenerationsmethoden
- Auseinandersetzen mit Ernährung
- Erleben von Respekt (vor mir und meinen Gedanken, vor anderen Menschen, Kulturen etc.)
- Setzen von Zielen, dafür zu arbeiten und diese im Idealfall zu erreichen (Gewinnen von Medaillen)
- Erlernen perfekter Bewegungsmuster
- Erleben von Flow-Zuständen (Aufgehen im Tun)
- Teil einer Mannschaft/eines Teams sein
- Erleben von Disziplin und Beharrlichkeit
- Persönlichkeitsbildung und -entwicklung
- Respekt und Erlernen von gesellschaftlichen Pflichten und Normen
- Erleben unvergesslicher Momente

Meine persönlichen Ergänzungen sind:

....

....

....

....

6.2 EMPFEHLENSWERTE INTERNETSEITEN

....

World Anti-Doping Agency: www.wada-ama.org

„WADA's mission *is to lead a collaborative worldwide movement for doping-free sport.*"

Unter dieser Seite werden alle wichtigen Informationen rund um die Internationale Anti-Doping-Agentur zur Verfügung gestellt.

www.worldsportmission.com

„World Sport Mission is to wisdom up and mindpower sports world" (Keplinger & Hafner)

Auf dieser Seite werden sämtliche Fragebögen und Dokumente zum Download zur Verfügung gestellt. Hier wird auch der Onlinefragebogen verlinkt.

6.3 „STAY CLEAN"-VEREINBARUNG ZWISCHEN ATHLET, TRAINER UND NAHESTEHENDER PERSON

....

Die Vereinbarung dient als Kopiervorlage.

Sie ist online als Download frei verfügbar.

www.worldsportmission.com

Es wird empfohlen, diese Vereinbarung jährlich im Team und mit allen Teammitgliedern zu unterschreiben.

Es ist eine Sache, darüber zu reden – eine andere, dieses Dokument durchzulesen, seine Unterschrift (einmal jährlich) darunter zu setzen und den Inhalt zu leben.

Um diesem Dokument noch mehr Gewicht zu geben, kann man es sichtbar für alle Beteiligten an der Sportstätte oder auch online positionieren.

Für den Athleten

Ich .... (Namen eintragen),

geboren am ....

bestätige hiermit, dass ich kein illegales Doping betreibe bzw. zu mir nehme.

Ich bestätige in weiterer Folge, dass ich sämtlichen Versuchungen aus dem Weg gehe bzw. widerstehen werde und mögliche Dopinganbieter umgehend melde.

Ich arbeite konsequent an meiner Persönlichkeit, genauso konsequent wie an meiner sportlichen Leistungsfähigkeit, um meine großen sportlichen Ziele zu erreichen.

Falls ich noch keinen Sportpsychologen in meinem Betreuungsteam habe, werde ich zeitnah Kontakt mit einem Experten aufnehmen, damit ich meine mentalen Fähigkeiten stetig verbessern kann.

Im Rahmen eines ethischen und moralischen Rollenbilds verhalte ich mich auch so und bleibe im legalen Rahmen.

Ebenso übernehme ich nicht nur für mich Verantwortung, sondern trete ebenso selbstbewusst anderen Athleten gegenüber auf, die zu Doping verführt wurden oder möglicherweise Gefahr laufen, demnächst zu dopen.

Ich trete für sauberen Sport ein!

....
Ort, Datum   Unterschrift

....
Ort, Datum   Unterschrift

....
Ort, Datum   Unterschrift

....
Ort, Datum   Unterschrift

Für den Trainer

Ich .... (Namen eintragen),

geboren am ....

bestätige hiermit, dass ich ein kein illegales Doping betreibe bzw. meinem Schützling zuführe.

Ich bestätige in weiterer Folge, dass ich sämtlichen Versuchungen aus dem Weg gehe bzw. widerstehen werde und mögliche Dopinganbieter umgehend melde.

Ich arbeite konsequent an meiner Trainerpersönlichkeit, genauso konsequent wie an meiner Leistungsfähigkeit, um meine großen Ziele als Trainer zu erreichen.

Falls ich noch keine regelmäßige Supervision und Coach-the-Coach-Einheiten mit einem Sportpsychologen nutze, werde ich zeitnah Kontakt mit einem Experten aufnehmen, damit ich meine mentalen Fähigkeiten stetig verbessern kann.

Im Rahmen eines ethischen und moralischen Rollenbilds verhalte ich mich auch so und bleibe im legalen Rahmen.

Ebenso übernehme ich nicht nur für mich Verantwortung, sondern trete ebenso selbstbewusst anderen Trainern gegenüber auf, und beziehe klar Stellung zum Thema Doping.

Ich trete für sauberen Sport ein!

....	....
Ort, Datum	Unterschrift
....	....
Ort, Datum	Unterschrift
....	....
Ort, Datum	Unterschrift
....	....
Ort, Datum	Unterschrift

Für die nahestehende Person

Ich .... (Namen eintragen),

geboren am ....

bestätige hiermit, dass ich ein kein illegales Doping betreibe bzw. dem Athleten zuführe.

Ich bestätige in weiterer Folge, dass ich sämtlichen Versuchungen aus dem Weg gehe bzw. widerstehen werde und mögliche Dopinganbieter umgehend melde.

Ich arbeite konsequent an meiner Persönlichkeit.

Falls ich als Angehöriger sportpsychologische Beratung brauche, nehme ich diese zeitnah in Anspruch.

Im Rahmen eines ethischen und moralischen Rollenbilds im Sportkontext verhalte ich mich auch so und bleibe im legalen Bereich.

Ebenso übernehme ich nicht nur für mich Verantwortung, sondern trete ebenso selbstbewusst anderen Sportbegeisterten gegenüber auf, und beziehe klar Stellung zum Thema Doping.

Ich trete für sauberen Sport ein!

....
Ort, Datum   Unterschrift

....
Ort, Datum   Unterschrift

....
Ort, Datum   Unterschrift

....
Ort, Datum   Unterschrift

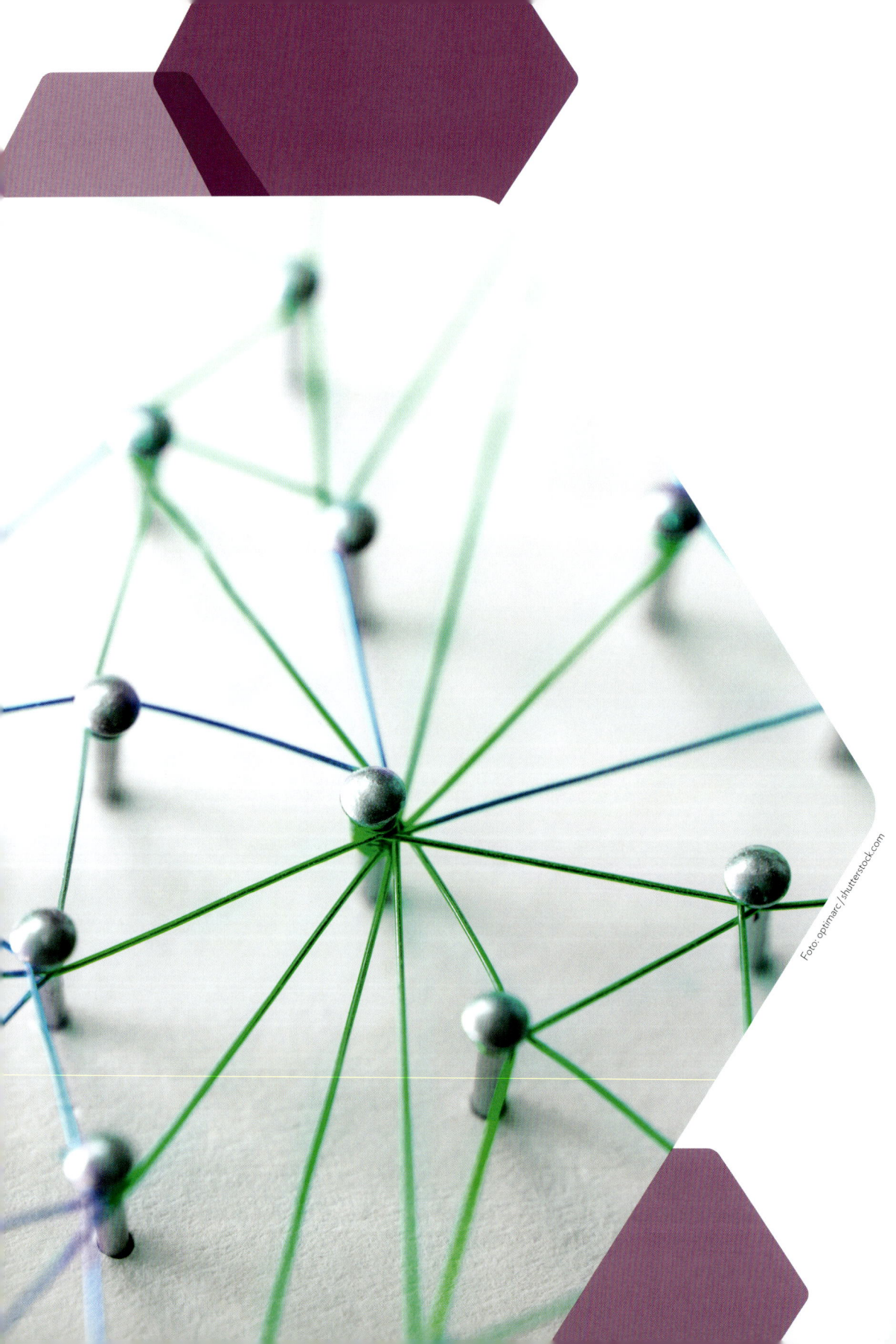

Warum dieses Buch gerade jetzt?

7

7.1 LESEN UND REFLEKTIEREN

Wenn Gelesenes und Gedachtes zusätzlich besprochen oder notiert wird, hat es die Möglichkeit, noch länger und besser und bewusster vorhanden zu sein.

Daher folgende Aufforderung: Notiere deine drei Punkte, die du dir vom Lesen dieses Buches auf Dauer mitnehmen möchtest:

7.2 FRIENDLY REMINDER

Man wird wohl

NIEMALS

STETS

ALLE

Doper stoppen können.

Wir glauben

an saubere Sportler

und Sportarten!

Wir sollten niemanden

unter Generalverdacht stellen

(auch keine Sportarten).

Wir lieben Sport.

7.3 WIR STEHEN FÜR UND NICHT GEGEN ETWAS EIN

Im Zuge der Erarbeitung dieses Buches in den letzten Jahren ist uns klarer geworden, wie schwierig es wohl für viele Sportler ist, nicht zu dopen!

Sollten wir aus Gründen, die wir nicht bedacht haben, jemanden mit diesem Buch unwissentlich verletzt oder beschämt haben, so war dies zu keiner Zeit unsere Absicht.

Wir wollen mit diesem Buch niemanden beschuldigen oder verurteilen, der gedopt hat. Es wird Gründe dafür gegeben haben, die wir aufgrund unserer Expertise als Sportpsychologen, als motivierte aktive Sportler und vor allem als Menschen, die nicht unfehlbar sind, nachvollziehen können.

Wir stehen für einen sauberen Sport und wollen mit diesem Buch vor allem künftige Sportler dazu motivieren, Doping aus ihrer Gedankenwelt zu verbannen.

Jeder Akteur im Sportbusiness (Eltern, Trainer, Verband, Medien etc.) kann dazu beitragen.

Überlege dir, was du selbst dazu beitragen kannst!

7.4 SCHLUSSGEDANKE

Warum dieses Buch gerade jetzt?

Es …

Es ist …

Es ist Zeit …

Es ist Zeit, die …

Es ist Zeit, die rosarote …

Es ist Zeit, die rosarote Brille …

Es ist Zeit, die rosarote Brille abzulegen.

Es ist Zeit, die rosarote Brille …

Es ist Zeit, die rosarote …

Es ist Zeit, die …

Es ist Zeit …

Es ist …

Es …

Foto: Monster Ztudio / shutterstock.com

7.5 ZUKUNFTSAUSBLICK

Unser optimales Ziel ist ein dopingfreier Sport. In Anbetracht unserer Recherchen ist dieses Ziel international in naher Zukunft wohl kaum voll umsetzbar.

Daher wünschen wir uns mit diesem Buch und der Online-Plattform eine intensive Beschäftigung mit der Thematik des Diskurses und der Reflexion der Sportler für einen fairen Wettkampf.

Gedopte Sportler sollen die Möglichkeit erkennen, Sportpsychologie wahrzunehmen und sich beraten zu lassen.

Außerdem soll auf der Plattform www.worldsportmission.com die Möglichkeit bestehen, Erfahrungen auszutauschen (siehe untenstehend das nachfolgende Buchprojekt) und zu besprechen.

Dopingfreie Sportler wollen wir stärken, genau dies weiter so zu handhaben.

Vereine, Trainer, Eltern, Funktionäre und sämtliche Player im Sportbereich sind dazu aufgerufen, die oben genannte Plattform zu unterstützen, über das Thema Doping offen zu reden, niemanden ungerechtfertigt zu verurteilen, des Dopings zu beschuldigen und für Aufklärung zu sorgen!

Weil wir davon ausgehen, dass das Thema weiterhin präsent sein wird, dass es noch mehr Sichtweisen und Ergänzungen von Athleten, Trainern, allen anderen wichtigen Playern im Sport braucht und mit Sicherheit auch manche Fragen zu diesem Thema offengeblieben sind, wollen wir auch kurz unser nachfolgendes Buchprojekt vorstellen.

Foto: Liu zishan / shutterstock.com

7.6 NACHFOLGENDES BUCHPROJEKT: MEINE DOPINGERFAHRUNGEN

Unser zweites Buchprojekt zum Thema Doping wird sowohl theoretisch als auch sehr praktisch gestaltet sein.

Die Ergebnisse einer weltweiten Onlinebefragung werden ausführlich dargestellt. Dazu werden wir nach Veröffentlichung dieses Buches eine internationale Online-befragung mit Hilfe von Big Playern im Sport starten, welche wir in Kooperation mit Universitäten auswerten lassen wollen und neue Paradigmen aufstellen werden.

Ziel dieser Umfrage ist eine internationale Rückmeldung zum Bereich Doping von unterschiedlichen Experten, Sichtweisen, Personengruppen, um so zu neuen Erkennt-nissen zu kommen und entsprechende Maßnahmen setzen zu können.

Der Link wird auch an Verbände und E-Mailverteilern in internationalen Sportver-bänden gesendet.

Wir bitten den Leser auch um das Weiterleiten, im Sinne einer Wissensvermittlung und eines dopingfreien Sports. Im Sinne der wissenschaftlichen Sprache und Ver-gleichbarkeit wird die Befragung vor allem in englischer Form dargestellt.

Aufgrund der vielen positiven Rückmeldungen und des gewaltigen Zuspruchs im Vorfeld bei Gesprächen und Recherchen zu diesem Buch mit unterschiedlichen Sportlern und Sportexperten sowie Trainern und Sportinteressierten, ist es uns ein Anliegen, eine Plattform zu realisieren, auf der unterschiedliche Ergänzungen, Erfah-rungsberichte und Feedback von internationalen Sportbegeisterten gesammelt und dargestellt werden können. Gerne eigene Dopingerfahrungen und die Zeit danach mitteilen, gerne beinahe Dopingerfahrung schildern und erklären, warum es dann doch nicht so weit gekommen ist.

Es gibt die Möglichkeit, Erfahrungen und Meinungen anonym zu posten, oder die Rückmeldungen und Erlebnisse als direkte Nachricht an uns zu übermitteln.

Mit eurer Unterstützung wird ein Erfahrungsbuch möglich – mit echten Geschichten, mit vergebenen Chancen, mit offenen Erfahrungen.

Uns ist es ein Anliegen, dieses Erfahrungsbuch für alle jungen und kommenden Sportlergenerationen zu realisieren – für einen sauberen Sport.

Nähere und aktuelle Informationen finden sie dazu online unter www.worldsport-mission.com.

Anhang

8

LITERATURVERZEICHNIS

Wir empfehlen bewusst nur kurze Zusammenfassungen von Artikeln, keine weiteren Bücher und keine Literatur zum Thema Doping, um keine Werke mehr in den Vordergrund zu stellen als andere.

Jeder Leser kann und soll sich selbst seine Meinung ergänzend bilden, Bücher und Informationen einholen und sich weiter in der Thematik vertiefen.